Die Prostitution bei den gelben Völkern

Von

Dr. Ernst Schultze
Privatdozent an der Universität Leipzig

Bonn 1918
A. Marcus & E. Webers Verlag (Dr. jur. Albert Ahn)

Druck: Otto Wigand'sche Buchdruckerei G. m. b. H., Leipzig.

Inhalt.

Die Prostitution bei den gelben Völkern.

Von Dr. Ernst Schultze,
Privatdozent an der Universität Leipzig.

1. Einleitung. Pharisäerhaftes Urteil über das Geschlechtsleben fremder Völker.

Die Urteile der Völker über einander pflegen nicht immer von Gerechtigkeitsgefühl getragen zu sein. Namentlich ist es gang und gäbe, daß nicht nur über die Sitten anderer Nationen absprechende Meinungen geäußert werden, sondern daß man höhere Sittlichkeit bei ihnen oft überhaupt nicht voraussetzt. So ist es eine alltägliche Erscheinung, daß ein Volk dem anderen die schlimmsten, abscheulichsten Laster vorwirft.

Gilt dies schon von anderen Lebensgebieten, so erst recht von dem Geschlechtsleben. Behaupteten ursprüngliche Völker von ihren Nachbarn, daß sie auf Ziegenfüßen einhergingen, oder nur ein Glotzauge hätten, oder ihre Kinder fräßen, so ist heute fast jede Kulturnation überzeugt, daß sie trotz allen bedenklichen Erscheinungen im eigenen Hause den anderen an Sittlichkeit bedeutend überlegen sei. Dem scharfblickenden Ausländer, der häufig ein richtigeres Urteil gewinnt — vor allem, wenn er das fremde Land nicht mit dem eigenen zu vergleichen hat — kann es geradezu lächerlich erscheinen, was ein Volk in dieser Beziehung von sich und anderen glaubt. Man höre nur eine Amerikanerin über das „soziale Übel“ sprechen, mit welchem keuschen Namen man dort die Prostitution zu verhüllen vorzieht. So etwas gibt es nach Ansicht der besseren Weiblichkeit in Nordamerika in diesem Lande ganz und gar nciht — höchstens abgesehen von ein paar verkommenen Ausländerinnen, die deshalb auch eine Schmach für das Land seien.... Dabei sieht jeder, der ein wenig unter die Oberfläche zu blicken weiß, daß die Prostitution in den Vereinigten Staaten treibhausartig wuchert — wenn man ihr auch in manchen Städten oder Verwaltungsbezirken nicht gestattet, öffentlich als solche aufzutreten; was aber bekanntlich das Übel nicht kleiner macht.

2. Nordamerikanische Vorwürfe gegen geschlechtliche Laster der Chinesen und Japaner. Gesetz gegen die Kuppelei mit chinesischen Huren. Chinesen-Ausschluß-Gesetz.

In Nordamerika hat man sich denn auch über die angeblich unnatürlichen und unter den dortigen Weißen gar nicht anzutreffenden geschlechtlichen Laster der Chinesen und Japaner auf das äußerste entrüstet. Allen Ernstes glaubt man, die Prostitution stelle in Ostasien, im Gegensatz zu Nordamerika, eine so tief gewurzelte Erscheinung dar und sei mit so widernatürlichen Lastern verquickt, daß jede Berührung mit einem Chinesen oder einer Chinesin die weiße Menschheit verderben müsse. In der Agitation zur Ausschließung der chinesischen Einwanderung ist diese Behauptung mit einer Sicherheit aufgestellt worden, daß man zunächst auch in Europa daran zu glauben geneigt war. Versucht man jedoch, den Dingen auf den Grund zu gehen, so wird man kaum zwingende Beweise entdecken.

Vor der Entdeckung des Goldes in Kalifornien waren Chinesen in Nordamerika kaum zu finden. Dann floß ein Auswandererstrom von einigen Südhäfen Chinas aus nach San Franzisko, der zunächst nur Männer ins Land brachte. Genau dasselbe gilt jedoch für die weißen Einwanderer, die sich aus aller Herren Ländern in Kalifornien zusammenfanden. In den Goldgräberlagern waren Frauen eine so seltene Erscheinung, daß Bret Harte darüber eine seiner köstlichsten Schilderungen entwarf. Tauchte ein weibliches Wesen in diesen von der Zivilisation weltenfern entlegenen Gebieten auf, so brauchte es „weder Fräulein, weder schön" zu sein, um einen Sturm der Begeisterung zu erregen. Diese Männerbevölkerung sehnte sich glühend nach weiblichem Verkehr. Kein Wunder also, wenn in den kleinen Städten, die damals aus der Erde wuchsen, vor allem in San Franzisko, bald auch die Gelegenheit zu sexuellem Verkehr in mehr oder minder feinen Formen geboten ward. Der Kostenpunkt spielte keine Rolle, da die Goldgräber, hatten sie einigermaßen Glück, so außerordentlich viel verdienten, daß sie vor Übermut nicht wußten, wo sie ihren Reichtum lassen sollten; ließen doch manche ihren Pferden goldene Hufbeschläge machen [1]).

Die Chinesen wurden von Anfang an so sehr als Menschen zweiter Klasse behandelt, daß sie nicht auf den Gedanken kamen, sich in ein Bordell zu wagen. Sie waren mithin darauf angewiesen, suchten sie Geschlechtsverkehr, auf Chinesinnen zu warten, die etwa nach Nordamerika gebracht würden. Da indessen die Auswanderung von Frauen nach chinesischer Sitte als Entwürdigung der Familie angesehen wird, so konnte es sich nur um Prostituierte handeln. Diese sind tatsächlich, offenbar jedoch in geringer Zahl, nach Nordamerika geschafft worden. Vielleicht hat gerade ihre Spärlichkeit die wildesten Gerüchte über die unnatürlichen Laster entstehen lassen, für die sie bestimmt seien. Ob ihre Ausnutzung jedoch ärger war, als sie den weißen Prostituierten in San Franzisko noch im 20. Jahrhundert droht, mag dahingestellt bleiben.

Jedenfalls wurde 1866 in den Vereinigten Staaten ein Gesetz gegen die Kuppelei mit chinesischen Huren erlassen. Zu Anfang der 70er Jahre begann die chinesenfeindliche Arbeiterbewegung, die sich alsbald über das ganze Bundesgebiet ausdehnte. 1875 entstand das Page-Gesetz, das alle Chinesinnen, die nicht von amerikanischen Konsularvertretern in China als unbescholten beglaubigt waren, von der Landung in Nordamerika ausschloß. 1876 wurde der große Anti-Chinesenbund gegründet, der als Kampfmittel

[1]) Siehe über die Prostitution in dem damals emporwachsenden San Franzisko, die sich in Spielhöllen, Ballsälen und öffentlichen Häusern zeigte, mein Buch „Aus dem Werden und Wachsen der Vereinigten Staaten", Hamburg 1908, S. 60 ff.

neben öffentlicher Agitation schwarze Listen und tatkräftigen Boykott benutzte [2]).

Es ist bezeichnend für die Stimmung der westlichen Unionsstaaten in jener Zeit, wenn der „San Francisco Chronicle" vom 21. März 1876 erbittert schrieb: der Amerikaner sei nicht gewillt, mit dem Chinesen wie ein Schwein zu leben; man dürfe jene „bestialischen Heiden" überhaupt nicht als zum menschlichen Geschlecht gehörig betrachten, da ihnen jedes Verständnis für die Kultur mangle, der sie sogar Widerstand entgegensetzten. Seien doch fast alle Chinesinnen Huren und ausdrücklich eingewandert, um hier den Bedürfnissen der gelben Männer entgegenzukommen.

Gerade weil die Sitte in China den ehrbaren Frauen die Auswanderung verbietet und weil die soziale Stellung des Weibes im Reich der Mitte sehr niedrig ist, mußte man allerdings mit der Gefahr rechnen, daß die nach Nordamerika eingeführten Chinesinnen fürchterlich und unmenschlich behandelt würden. Sie sollen in der ersten Zeit, in der sie ihre Beförderungskosten abzahlen mußten, durchaus Gefangene gewesen sein. Die weißen Frauen und Mädchen wurden für die chinesenfeindliche Bewegung nicht zum wenigsten dadurch gewonnen, daß man ihnen diese Dinge in abschreckendster Art schilderte oder andeutete, so daß sie sich in ihrer Frauenwürde tief verletzt fühlten. Wie stark aber diese Agitation übertrieb, lehrt die Behauptung, daß die Chinesen selbst vor der Unzucht mit neugeborenen Kindern weißer Mädchen nicht zurückschreckten — wofür meines Wissens niemals der Schatten eines Beweises auch nur versucht wurde [3]).

Seit dem Chinesen-Ausschlußgesetz, das zuerst 1882 auf 10 Jahre erlassen und später verlängert wurde, ist die Einwanderung chinesischer Kulis in Nordamerika untersagt; zugelassen werden jetzt nur noch Studenten, Kaufleute und andere Chinesen, die über genügende Geldmittel verfügen. Von einer irgend nennens-

---

[2]) Siehe Dr. Otto Freiherr von Boenigk: Die Antichinesen-Bewegung in Amerika. (Festgaben für Karl Knies. Berlin, Haering 1896. S. 23—56.) S. 26.

[3]) Boenigk faßt die Vorwürfe gegen die Chinesen in Nordamerika folgendermaßen zusammen (S. 32 f.): „In allen Städten und Orten, wo sich Chinesen in größerer Zahl aufhalten, entsteht eine ‚Chinesetown', ein Stadtteil, in welchem nur Chinesen wohnen. Bancroft und andere schildern in lebhaften Farben diese mitten im Großstadtleben europäischer Gesittung emporgeschossene, uns so gänzlich fremde Welt mit ihrem Schmutz, Elend und Verbrechen, wie dies Volk drei Stockwerke unter die Erde baut, tiefe, geheime Gänge gräbt, wie es gleich einer Lämmerherde eng aneinander gepfercht lebt und schließlich, in Krankheit, wegen religiöser Vorstellungen der Seelenwiederkehr, fern und verlassen von Menschen neben dem bereitstehenden Sarge zu den ‚Vätern' abgerufen wird. Diese selbstgewollten Ghettos bilden für den Wirtsstaat eine ernste Gefahr; Verbrechen schlimmster Art (man spricht z. B. von der Unzucht mit neugeborenen Kindern weißer Mädchen) werden hier gefahrlos ausgeführt, grausame Bestrafungen Abtrünniger vollzogen usw. Was kann da die Polizei der Weißen tun, selbst wenn sie sich mitten in diesem Pfuhl festsetzt. Außerdem aber bildet dies Chinesenviertel eine beständige Gefahr für die Ausbreitung der Opiumpest, mehr noch der Spielsucht der Gelben, die sehr viele Opfer von den Amerikanern fordert. Am schlimmsten aber stellt sich die gesundheitliche Seite dar: jene Straßen und Häuser sind ja direkt eine Brutstätte ansteckender Krankheiten, wie Blattern, Aussatz (zwar seltener), Syphilis, zumal wenn man bedenkt, daß die Wäschereien fast alle, die Zigarrenarbeiten, Schneidereien usw. zum großen Teil von den Händen der Chinesen besorgt werden."

werten Einwanderung chinesischer Frauen spricht heute selbst der ärgste Chinesenfeind nicht mehr. Tatsächlich geht die Zahl der Chinesen in der Union infolgedessen stark zurück. Trotzdem ist man die Furcht vor der geschlechtlichen Chinesengefahr durchaus nicht losgeworden. Spricht man mit einer kalifornischen Hausfrau, so wird sie die Dienste, die der Chinese in häuslichen Diensten zu leisten pflegt, begeistert loben — durch die ungemein anspruchsvollen amerikanischen Dienstmädchen ist sie allerdings keineswegs verwöhnt — aber sie wird gleichzeitig ihrer Überzeugung Ausdruck geben, daß man einen Chinesen nur dort beschäftigen dürfe, wo weder Töchter noch weibliche Kinder im Hause seien. Nach allem, was ich beobachten oder feststellen konnte, ist diese Furcht lächerlich übertrieben — schon deshalb, weil überall in den Weststaaten ein Chinese, der wagen würde, sich mit einer weißen Frau selbst mit deren Zustimmung einzulassen, sicher wäre, gelyncht oder doch arg mißhandelt zu werden.

3. Ermordung der Elsie Sigel. Mißerfolg der amerikanischen Missionen.

Anders liegen die Dinge im Osten. Auch hier zeigt sich die Wahrheit des Satzes: Gebirge trennen, Meere verbinden. Die Stimmung in den Unionsgebieten am Atlantischen Meere ist der in Europa ähnlicher als der in den Schwesterstaaten am Großen Ozean. Man erkennt auch im Osten die gelbe Gefahr in gewissem Maße an, hält sie aber für weit geringer als die Leute im Westen. Die Zahl der Chinesen im Osten ist unerheblich. Man sucht auf sie mit echt amerikanischen Mitteln einzuwirken: insbesondere durch Missionen. Der kluge Chinese denkt allerdings nicht entfernt daran, sich zum Christentum bekehren zu lassen. Aber die Mission benutzt er schlau. Einmal lernt er mit ihrer Hilfe Englisch, zweitens kann er sich durch sie Beziehungen zu wohlwollenden Leuten verschaffen, die John Chinaman, dessen Seele sie zu retten hoffen, seelisch zu umgarnen glauben, indem sie ihn geschäftlich fördern. Endlich kann man bei dieser Gelegenheit sehr nette Damenbekanntschaften machen. Beteiligt sich doch manche Amerikanerin an diesem Missionswerk im eigenen Lande. Daß sie an jungen chinesischen Männern geschlechtlich Gefallen finden kann, erscheint zwar merkwürdig, ist aber Tatsache. Der Reiz der Pikanterie scheint hier, wie bei manchen europäischen Frauen, die für einen bei Hagenbeck ausgestellten Neger in Brand geraten, alle Kräfte der Zurückhaltung und des Geschmacks so stark zu überwuchern, daß man der Grenze zur Perversität bedenklich nahekommt.

Jedenfalls kann die Beteiligung junger Amerikanerinnen an dem Missionswerk unter den Chinesen zu bösen Dingen führen, wie vor einigen Jahren die Ermordung der Elsie Sigel in Neuyork 1909 durch einen ihrer chinesischen Schützlinge zeigte. Sie hatte mit ihm — und mit einem anderen Chinesen geschlechtlichen Verkehr gepflogen, so daß der erstere eifersüchtig wurde und sie vom Leben zum Tode brachte. Der Mord erregte ungeheures Aufsehen und führte unter dem Zwang der öffentlichen Meinung eine Einschränkung der Beteiligung junger Damen an der Missionstätigkeit herbei[4]). Als Mörder wurde schließlich ein junger Chinese namens Leong Lee Lin festgestellt, der amerikanische Kleidung trug und den amerikanischen Namen William Leon angenommen hatte. Offenbar eifersüchtig auf seine Geliebte, die einen anderen Mann heiraten sollte, hatte er sie erdrosselt und ihren Leichnam in einem mit Stricken zusammengebundenen Koffer versteckt.

Die Polizei soll in der Wohnung Leons etwa 2000 Briefe weißer Mädchen aus ganz Nordamerika gefunden haben (!). Nun mag Leon ein großer Don Juan gewesen sein, und es mag nicht unglaubhaft sein, daß die von Elsie Sigel aufgefundenen Briefe ihn beschworen, nach allen den Opfern, die sie ihm gebracht, sie nicht zu verlassen — die 2000 Briefe weißer Mädchen aus ganz Nordamerika aber dürften doch wohl nur auf das Konto der hysterischen Berichterstattung zu setzen sein, die sich in solchen Fällen in Nordamerika breitmacht[5]).

Sofort nach der Mordtat verfügte die Neuyorker Polizei, in Zukunft dürften sich im Neuyorker Chinesenviertel keine weißen Frauen und Mädchen mehr aufhalten; bis dahin sollen dort neben einem Dutzend Chinesinnen etwa 300 bis 400 weiße Frauen und Mädchen gelebt haben — entweder Freudenmädchen niedersten Ranges oder Verlassene und Verratene, endlich auch Opfer der Mission. Der Polizeihauptmann des betreffenden Reviers besuchte in Begleitung einiger Polizisten jedes einzelne Haus des Chinesenviertels und kündigte den weißen Frauen dort an, sie würden verhaftet und ins Arbeitshaus geschickt werden, falls sie nicht binnen 24 Stunden eine andere Wohnung bezogen hätten.

Unter diesen Frauen befanden sich zahlreiche Opfer der Mission. Der Vorgang war immer derselbe gewesen: in der chinesischen Sonntagsschule, in der es keine Klassen mit gemeinschaftlichem Unterricht gibt, sondern in der jeder Schüler unter einem eigenen Lehrer, häufig eben einem jungen Mädchen oder einer

---

[4]) Siehe hierzu auch Max Marcuse: Die sexologische Bedeutung des „Falles Elise Sigel". Sexual-Probleme, 1909, August.

[5]) Die Art der Berichterstattung wird etwa auch durch folgende, noch ziemlich unschuldige Probe gekennzeichnet: „Daß die amerikanischen Behörden jetzt ernstlich gewillt sind, dem Unfug mit den chinesischen Missionsschulen ein Ende zu bereiten, beweist das Vorgehen der Chikagoer Polizei, die kürzlich eine Razzia auf eine von jungen Amerikanerinnen geleitete ‚Chinesenschule' in der Drexel Avenue veranstaltete. Nachbarn hatten sich bei der Polizei über das nichts weniger als ‚pädagogische Verhältnis' zwischen den jungen ‚Ladies' und ihren Schützlingen aus dem Reich der Mitte beschwert. Als die Polizei daraufhin der ‚Schule' einen Besuch abstattete, fand sie zwanzig junge Chinesen und sechs ‚Lehrerinnen' (darunter, wie es im Polizeibericht hieß, ein auffallend hübsches Mädchen von neunzehn Jahren) im traulichen Beisammensein. Beim Anblick der Polizisten gaben die Schüler aus dem Orient schleunigst Fersengeld und verdufteten durch alle Löcher, die ihnen der Zimmermann offen gelassen. Die Bekehrerinnen stellten sich dagegen auf ihre Hinterbeinchen und erklärten entrüstet, ‚die Schüler wären sehr — anhänglich und es wäre eine polizeiliche Ungerechtigkeit, ihnen die Gelegenheit zum Lernen zu nehmen'. Polizeikapitän Mc Weeney ließ sich jedoch nicht verblüffen, sondern bat die Damen sich zu — legitimieren. Da war es aber auch mit dem Mut und der Lehrlust der ‚Lehrerinnen' vorbei und eine nach der anderen folgte errötend den Spuren der seitwärts in die Büsche verschwundenen Chinesen. Die Polizei nahm dann eine Haussuchung vor und entdeckte im oberen Stockwerk reizend eingerichtete Boudoirs mit lauschigen Eckchen usw. Als Leiterinnen der ‚Schule' wurden drei Schwestern festgestellt. Die Polizei hat das genannte Erziehungsinstitut für junge Chinesen sofort geschlossen, und die betreffenden jungen Damen haben darauf verzichtet, ihr — Eigentum zu reklamieren."

jungen Frau, arbeitete, saßen die beiden nebeneinander. Kein Wunder, daß der Chinese, mochte er selbst Fischblut in den Adern haben, allmählich wärmere Regungen verspürte. Vorsichtig näherte er sich seinem Ziel: während der Woche machte er seiner Lehrerin Besuche, brachte Geschenke oder merkwürdige Leckerbissen mit, lud sie in ein chinesisches Speisehaus ein und erzeigte sich namentlich zu Weihnachten durch Geschenke erkenntlich, bei denen er die Kirche nicht vergaß, so daß es an Gewissensberuhigung nicht fehlte. Unvermeidlich kam es dann zum Opiumrauchen, das von der weißen Bevölkerung Nordamerikas mit einer Art abergläubischer Neugier betrachtet wird. Dann war das süße Mädel fertig, alle Willens- und Widerstandskraft brach vor dem entnervenden Opium zusammen, der Abgrund nahm ein neues Opfer auf.

Auch sonst sollen unter den Chinesen in Nordamerika zuweilen auffallende Dinge geschehen. So wurde 1909 von der Neuyorker „Gesellschaft gegen Kindermißhandlung" eine junge Chinesin in Obhut genommen, die von ihrer Großmutter in China als Sklavin verkauft und alsdann von dem chinesischen Gesandten in Washington, Wu-ting-fang, nach Amerika gebracht worden sein soll, wo sie von einer Hand in die andere ging, bis sie in den Besitz eines Chinesen namens Chin-hung gelangte, der sie in der geschilderten Art ausbeutete. Über das Ergebnis der Untersuchung, die damals eingeleitet worden sein soll, habe ich nichts erfahren können, so daß die Annahme naheliegt, daß wieder einmal von der amerikanischen Presse stark übertrieben wurde.

4. Singapore als Mittelpunkt des Mädchenhandels in Süd-Ost-Asien. Frauenmangel und Homosexualität der Chinesen im Ausland.

Andererseits findet tatsächlich eine gewisse Ausfuhr von Prostituierten aus China statt, und zwar offenbar in der Form ärgsten Mädchenhandels. An Bord der Passagierdampfer, die aus chinesischen Häfen auslaufen, finden sich häufig Leute ein, um nach Familienangehörigen zu suchen, die der Heimat ohne Erlaubnis den Rücken kehren wollen. So kamen um das Jahr 1902 in Amoy zwei Chinesen an Bord, um ihre Frauen zu suchen. Diese hatten wegen schlechter Behandlung nach Singapore flüchten wollen und waren bereits an Bord eines zur Abfahrt bereitliegenden Dampfers. Beide Frauen, die das furchtbare Schicksal voraussahen, das ihnen drohte, versuchten Selbstmord, indem sie sich ins Wasser stürzten. Sie wurden jedoch herausgefischt, gefesselt, um einem zweiten Selbstmord vorzubeugen, und von ihren Ehemännern an Land gebracht — um am folgenden Tage zur Strafe an den Besitzer eines Freudenhauses verkauft zu werden [1]).

Singapore ist bekanntlich ein Mittelpunkt des Mädchenhandels im südöstlichen Asien. Seine Malay Street ist in aller Welt bekannt. Der Preis einer Chinesin beträgt hier

[1]) H. Gottwaldt: Die überseeische Auswanderung der Chinesen und ihre Einwirkung auf die gelbe und weiße Rasse. Bremen, Max Nößler 1903, S. 18.

100 bis 200 Dollars mehr als in Hongkong, das ebenfalls eine Hochburg der Prostitution ist[2]).

In Singapore sind 1899 neben 107 604 chinesischen Männern 5514 chinesische Frauen eingewandert. Obwohl die Anteilziffer (5 Proz.) nicht hoch ist, deutet sie doch darauf hin, daß es sich zum großen Teil um Prostituierte handelt. Diese Annahme bestätigt sich, wenn man in die Statistik der Herkunftshäfen blickt. Der Löwenanteil fiel nämlich auf die von Hongkong kommenden Frauen; neben 38 688 Männern wanderten von dort 4390 Frauen oder 11 Proz. in Singapore ein. Hongkong wurde also offenbar von zahlreichen chinesischen Freudenmädchen oder von denen, die mit ihnen handelten, als Sprungbrett benutzt, um nach Singapore, der berühmten Bordellstadt ganz Asiens, zu gelangen.

In Singapore, das erst 1819 von den Engländern gegründet wurde, während bis dahin auf der beinahe öden Insel nur einige Seemalayen gelebt hatten, gehörten Chinesen schon zu den ersten Ansiedlern, die dem Schutze und den Freiheiten unter der britischen Flagge zustrebten. 1821 kamen 4 große chinesische Dschunken dorthin, 1825 bereits 10. 1827 spielten unter einer Bevölkerung von 14 000 Menschen die 6000 Chinesen die erste und wichtigste Rolle. Die Bevölkerungszahl hob sich schnell. 1836 wurde unter einer Gesamtbevölkerung von 30 000 Köpfen die chinesische auf 13 749 angegeben. Darunter befanden sich jedoch nur 897 Frauen.

Die Auswanderung von Chinesinnen war eben durch die Sitte schärfer verboten, als es das Gesetz hätte erzwingen können. Der Grund liegt in dem Klanwesen, auf dem das gesamte Leben der Chinesen beruht. Jeder Angehörige eines Klans, gleichviel ob männlichen oder weiblichen Geschlechts, der ohne Genehmigung des Familienrates China verläßt, erleidet die entwürdigendste Strafe, die ihn treffen kann: er wird aus dieser Gemeinschaft ausgestoßen. Verheirateten Frauen erteilt der Familienrat die Auswanderungs-Erlaubnis nur in ganz besonderen Fällen, um die Männer noch mehr an die Heimat zu fesseln.

In der ersten Hälfte des 19. Jahrhunderts mochte dieser Grund die Auswanderung von Chinesinnen noch mehr verhindern als heute, da inzwischen die Auswanderung der Männer sehr viel häufiger geworden ist. So erklärt es sich, daß um die Mitte des Jahrhunderts die blühenden Chinesenkolonien — wie die in Singapore — sehr wenig Frauen aufwiesen. Zunächst waren die dort befindlichen größtenteils verheiratet, und es scheint, daß erst mit dem Emporwuchern der Bordelle prostituierte Chinesinnen dorthin auswanderten. 1836 gab es erst 897 Chinesinnen in Singapore, 1849 lebten unter den Chinesen 1460 Frauen und 1738 Kinder. 1859 war die Zahl der Chinesinnen auf 3248 gewachsen. 1 Frau kam jetzt unter ihnen auf 15,4 Männer, während 10 Jahre vorher erst auf 40 Chinesen

[2]) Die Bordelle in Singapore und in anderen Städten Asiens sind, auch nach ihrer poetischen Seite, trefflich in den „Exotischen Novellen" des Dänen Johannes V. Jensen geschildert. In demselben Buch schildert er in einer prächtigen Novelle, wie sich ein englischer Seekadett in ein blutjunges chinesisches Freudenmädchen verliebt.

1 Chinesin entfallen war. Alle anderen Nationalitäten zählten verhältnismäßig mehr Frauen: so betrug die Zahl der Männer, die auf je 1 Frau kamen, 1849 in Singapore

bei den Chinesen	40,0
„ „ Indern	21,4
„ „ Europäern	4,8
„ „ Malayen	1,6.

1866 berichtete F. Jagor in seinem Buche über Singapore, Malakka und Java, daß in neuester Zeit viele Chinesinnen nach Kalifornien oder nach dem Archipel gingen, „und wenn sie auch nicht zu den respektabelsten gehören, so ist es doch immerhin ein Anfang. Die inneren Unruhen in ihrem Vaterlande veranlassen seit kurzem auch viele im Archipel als Handwerker oder als Kaufleute etablierte Chinesen, ihre Frauen nachkommen zu lassen. Noch zahlreicher sind die Einwanderungen unabhängiger Frauen, die hier ein großes Feld für ihre Tätigkeit finden. Viele von ihnen werden auf Kosten der geheimen Gesellschaften hergebracht, die den Einfluß derselben auf die Männer zu ihren Zwecken ausbeuten. Im November 1863 kamen 72 in einem Schiffe an.“ [3])

Man wird sich nicht wundern können, daß dort, wo den ausgewanderten Chinesen Frauen fehlten, zuweilen die Homosexualität um sich griff. So wird dies von Matignon für die Chinesen auf Java festgestellt und hauptsächlich auf den Mangel an erreichbaren Weibern zurückgeführt. Übrigens kann dieselbe Erscheinung auch durch andere Ursachen hervorgerufen werden: bei kriegerischen Völkern z. B. durch eine Überschätzung des männlichen Geschlechts. So herrschte in der japanischen Ritterzeit die Meinung, es sei heldenhafter, einen Mann zu lieben, als ein Weib. Vor der Umwälzung des Jahres 1868 gab es in Japan keinerlei gesetzliche Bestimmungen gegen gleichgeschlechtlichen Umgang. Auch das chinesische Gesetz macht keinen großen Unterschied zwischen natürlichem und widernatürlichem Geschlechtsverkehr. Knabenliebe ist durchaus nicht verpönt. Ferner lieben die chinesischen Gerichte es nicht, ihre Nase in allzu intime Dinge zu stecken. Matignon berichtete sogar [4]), daß die Knabenliebe zum guten Ton gehöre und als ein elegantes Vergnügen gelte; sie erfreue sich amtlicher Weihe, selbst der Kaiser habe seine Liebesknaben.

„Ist der leidende Teil erwachsen oder ein mehr als zwölfjähriger Knabe und hat eingewilligt, so werden beide Schuldige mit je 100 Hieben und einmonatlichem Kang (Holzkragen) bestraft, während gewöhnliche Hurerei mit 80 Hieben geahndet wird. Hat der Erwachsene oder der über zwölf Jahre alte Knabe Widerstand geleistet, so gilt die Tat als Notzucht. Und handelt es sich um einen weniger als zwölfjährigen Knaben, so sieht das Gesetz in dem Verfahren, ohne Rücksicht auf Widerstand oder Zustimmung, Notzucht, es sei denn, daß der Knabe schon früher ‚gesündigt‘ habe. In der

---

[3]) F. Jagor: Singapore, Malakka, Java. 1866, S. 43. Zitiert nach Ratzel: Die chinesische Auswanderung, S. 202.

[4]) In dem Archive d'anthropologie, Bd. 14, 1899.

Praxis jedoch hält man dafür, die naturwidrigen Verfehlungen seien dem Gemeinwohl minder abträglich als die gewöhnliche Unzucht, und die Knabenliebe ist keineswegs verpönt.“ [5])

5. Die Beziehungen von Mädchenhandel und Prostitution in China.

Einer der feinfühligsten Beobachter der Frauenwelt, dem jedes Pharisäertum fremd ist, der dänische Dichter Johannes V. Jensen, entwirft in einer seiner kurzen, aber tiefschürfenden Darstellungen des ostasiatischen Frauenlebens folgendes Bild von der Lage der Prostituierten in China: „Es gibt in China eine Klasse junger Frauen, für die wir keine entsprechende Bezeichnung haben; denn das biblische, an und für sich schöne Wort Freudenmädchen — wie die japanischen Geishas oder die Hetären der Griechen — hat als Name einen unschönen Nebenklang bekommen. In China meint man damit die jungen Mädchen außerhalb der Familie, die eine Ausbildung in Musik und Poesie bekommen und durch Geist den Chinesen unterhalten, der in seiner Häuslichkeit jeden Schimmer von weiblicher Verfeinerung entbehren muß. So merkwürdig verdreht ist es in China, daß die freien, legitimen Frauen von jeder Erziehung ausgeschlossen sind, sie gehen in seelischer Unwissenheit und Öde wie Federvieh durchs Leben, wohingegen die Frauen außerhalb der Gesellschaft, die ihrer Stellung und ihrem Rang nach Sklavinnen sind, alle moralischen Freiheiten genießen, die die Aufklärung gewährt, ähnlich wie die gebildeten Frauen des Westens.“

Jensen meint: durch Beispiele aus diesen Verhältnissen sowie aus entsprechenden Tatsachen in Japan, Hellas und bei anderen Völkern könne man nachweisen, daß die Freimachung der Frauen überhaupt nicht in der Familie wurzele, sondern von außerhalb vor sich gehe [1]).

Die Wißbegier dieses Mannes, der so gut zu fragen weiß, nach der Herkunft dieser kleinen weiblichen Schöngeister erhielt keine Befriedigung. Richtig vermutet er, daß sie von der in China herrschenden Sitte stammen, die überflüssigen Töchter zu verkaufen.

Offenbar wuchert der Mädchenhandel in einigen Teilen Chinas noch heute bösartig. Anfang 1899 wurde in Kanton ein früherer Unterbeamter des Magistrats in Nam Hoi namens Leung Ah-lung ergriffen und hingerichtet, nachdem er, wie die Untersuchung ergab, mehr als 1000 Frauen und Mädchen geraubt und nach Singapore oder anderen ausländischen Plätzen verkauft hatte. Nach seiner Hinrichtung wurde das Geschäft durch einen früheren Angestellten des Magistrats in Pun Yu aufgenommen. In Sai Kai am Westfluß richtete er sein Hauptlager ein, wo die geraubten Mädchen und Frauen bis zu ihrer Verschiffung ins Ausland in einem Boote gefangen gehalten wurden.

---

[5]) Professor Dr. Westermarck: Ursprung und Entwickelung der Moralbegriffe. Deutsch. Leipzig 1909, Bd. 2, S. 381.

[1]) Johannes V. Jensen: Olivia Marianne. (In seinen „Exotischen Novellen“. Berlin, S. Fischer 1916.) S. 124 f.

Die umwohnende Bevölkerung duldete dies, weil seine Agenten die nähere Nachbarschaft verschonten, während sie ihre Opfer aus weiter entfernt liegenden Orten herbeischleppten. So blieb der Mädchenhändler unbelästigt, obwohl sein Treiben öffentlich bekannt war — bis am 1. April 1900 sechs der geraubten Mädchen aus dem im Flusse verankerten Boot entflohen, das durch die Ebbe vorübergehend im Trocknen lag, so daß sie das Ufer zu Fuß erreichen konnten. Eines der Mädchen wurde, da es eingeschnürte Füße hatte, wieder eingefangen, während die anderen fünf entkamen und von einem Landmann beschützt wurden. Man bot ihm für die Auslieferung der Unglücklichen eine beträchtliche Summe; dennoch erstattete er eine Anzeige an die chinesischen Behörden, denen sich jedoch der Mädchenhändler nebst seinen Agenten durch die Flucht entzog.

Zum größten Teil sollen sich indessen die chinesischen Prostituierten nicht durch gewaltsamen Raub, sondern durch rechtlichen und öffentlichen Verkauf von Mädchen und Frauen rekrutieren. Als typischen Fall erzählt Gottwaldt[2]) die folgende Gerichtsverhandlung.

Auf der Anklagebank des englischen Gerichts in Hongkong saßen zwei chinesische „Witwen" unter der Anklage der ungesetzlichen Einschmuggelung zweier achtzehnjähriger Mädchen in die Kolonie. Aus der Aussage der Mädchen ergab sich die übliche Geschichte: widernatürliche Eltern, die ihr Fleisch und Blut für ein paar Dollars verkauft hatten, gewissenlose Weiber, die für geringen Verdienst die Rolle der Vermittlerin übernommen, Besitzer von Freudenhäusern, die die Mädchen gekauft hatten, ohne nach ihrer Herkunft zu fragen. Eine der beiden war in der Provinz Kwangtung verheiratet gewesen. Als ihr Mann, der ihrer überdrüssig geworden war, sie öffentlich zum Verkauf ausbot, nahm ihr Vater sie in sein Haus zurück — aber nur, um selbst das Geld für den Verkauf einzustecken. Wenige Tage später wurde sie gegen 30 Dollars einer der Angeklagten übergeben. Sie schaffte die junge Frau nach Kanton zu der zweiten Angeklagten, die dort ein Bordell unterhielt. Das andere der beiden Mädchen hatte einen Preis von 54 Dollars erzielt. Als man den Beiden nach zehntägigem Aufenthalt in Kanton eröffnete, sie würden nach Singapore verschifft werden, zeigten sie sich darüber sehr betrübt, so daß die Angeklagten beschlossen, sie selbst nach Hongkong zu bringen, um sie persönlich an Bord eines Singapore-Dampfers zu schaffen. In Hongkong erst gelang es den Mädchen zu entkommen, sie erzählten ihre Leidensgeschichte einem Polizisten. Die beiden „Witwen" wurde zu je 9 Monaten harter Gefängnisarbeit verurteilt.

6. Behandlung der chinesischen Frauen.

Kritische Betrachtung scheint mir keinen Anhalt für die gewöhnliche Behauptung zu ergeben, das Los der chinesischen Prostituierten sei ärger als das der Freudenmädchen bei den weißen

---

[2]) S. 47 f., nach der Hongkong Daily Press. Juli 1901.

Völkern. Diese Annahme fließt wohl aus derselben Quelle wie die damit Hand in Hand gehende: das Schicksal der chinesischen Frauen sei ärger als das der europäischen und amerikanischen. Auch dafür ist meines Wissens ein Beweis nicht erbracht. Will man überhaupt den Versuch machen, das Verhältnis des männlichen Geschlechts zum weiblichen bei einer Bevölkerung von mehreren 100 Millionen Menschen in eine Regel zusammenzupressen, so deuten zahlreiche Beobachtungen darauf hin, daß der Chinese das weibliche Wesen, mit dem er zusammen wohnt, auch wenn er nicht mit ihr verheiratet ist, durchaus nicht schlechter behandelt als der Weiße. Daß ein Chinese die Frau prügelt, kommt meines Wissens fast niemals vor, ebensowenig, daß er betrunken nach Hause kommt. Vielmehr sucht er die Frau, mit der er lebt, mit aller Bequemlichkeit zu umgeben, die er erschwingen kann. Übermäßige Arbeit mutet er ihr nicht zu, und die Behandlung, die er ihr bietet, kann unmöglich schlecht sein.

Wäre sie dies, so würden nicht viele Hunderte weißer, wenn auch herabgekommener Frauen bei Chinesen in Nordamerika oder Australien aushalten. Als nach der Ermordung der Elsie Sigel 1909 das Chinesenviertel in Neuyork von weißen Frauen gesäubert wurde, beklagten diese Wesen, mehrere Hundert an der Zahl, daß sie sich von ihren Herren trennen müßten. Hatte doch das „Chinkgirl", wie der Amerikaner die Geliebte der Chinesen nennt, meist ein recht behagliches Dasein, jedenfalls ein sehr viel besseres, als weiße Männer es den Frauen dieser sozialen Schicht bieten. Auch sollen sich die meisten Chinkgirls aus Mädchen zusammensetzen, die schnell bergab geglitten und von der abschüssigen Ebene durch das Eingreifen von Chinesen gerettet worden waren; letztere haben in dieser Beziehung keine Vorurteile. Für ihre Rettung sind die Chinkgirls den Chinesen dankbar. Als das Neuyorker Chinesenviertel von diesen Mädchen gesäubert wurde, sind wahrscheinlich viele von ihnen elend verkommen.

Ein Beweis für die verhältnismäßig gute Behandlung, die sie genossen, liegt wohl in der Tatsache, daß sie keine Dienstbotenarbeit zu verrichten hatten. Diese lag in der Hand einer besonderen Klasse von jungen Burschen, die sich in den Gassen und Höfen herumtrieb, bereit, auf ein Signal zur Arbeit anzutreten. Das Ausfegen einer Stube pflegten sie mit 1 Mark zu berechnen, einen Gang zum Kaufmann mit 20 Pfennigen, die Besorgung von Opium mit 50 Pfennigen. Auch als Fremdenführer verdienten sie Geld. Das Chinkgirl brauchte sich nicht zu häuslicher Arbeit herabzulassen.

Auch in China scheint die Behandlung des weiblichen Geschlechts besser zu sein, als von vielen Weißen angenommen wird, die nicht selten bereit sind, bei gelben Menschen von vornherein eine sittlich tiefere Stufe anzunehmen. Allerdings wünscht der Chinese über alles männliche Nachkommenschaft. Dieselbe Verehrung, die er den Geistern seiner Vorfahren widmet, wünscht er nach dem Tode durch Söhne, Enkel und deren männliche Nachkommenschaft zu genießen; die weibliche gilt vor den Göttern nicht als voll. Für die Annahme aber, das weibliche Geschlecht als solches würde in China schlecht behandelt, liegen stichhaltige Gründe nicht vor. Der Mädchenhandel soll zwar, wie z. B. Gottwaldt[3]) behauptet, im Reiche der Mitte gesetzlich gestattet sein. Es scheint aber nicht, als ob das Bordellwesen in den eigentlich chinesischen Städten jemals solchen Umfang und so widerliche Formen angenommen hätte, wie in den ostasiatischen Kolonien des sittenstrengen England.

7. Die chinesischen Blumenboote und ihre Romantik.

Wenn also Colquhoun meint: nur die „außerordentliche Ungemütlichkeit des chinesischen Familienlebens" könne vernünftige Leute veranlassen, die Gesellschaft der Damen in Blumenbooten aufzusuchen, so sieht er den Dingen doch wohl nicht auf den Grund. Die Blumenschiffe (Hoa Thing), die in den am Wasser liegenden Großstädten, wie z. B. Kanton, keine ungewöhnliche Erscheinung sind, werden häufig — nicht immer — als Bordell benutzt. Sie sind ebenso wie die Bordelle im Lande mit großem Luxus ausgestattet. Man pflegt die öffentlichen Häuser in China die „blauen Häuser" (Tsing Lao) zu nennen, ihnen also eine Farbenbezeichnung zu geben, wie bei weißen Völkern die rote Laterne eine ähnliche Rolle spielt.

In den Blumenbooten, die fest vor Anker liegen, spielten die „Blumenmädchen" in früherer Zeit eine ähnliche Rolle wie die Hetären in Griechenland. Wie diese, waren sie der Inbegriff aller Schönheit, guten Erziehung und Bildung und wurden von der männlichen Jugend benutzt, um die eigene Bildung zu vervollständigen. Noch heute zeichnen sich die Blumenmädchen selbst nach den Angaben Colquhouns häufig durch angenehme Züge und graziöses Wesen aus, wenn er auch meint, sie seien sämtlich im höchsten Grade ungebildet und könnten weder lesen noch schreiben, geschweige denn Lieder improvisieren, wie dies aus der guten alten Zeit berichtet wird. Nur im Norden soll man noch vereinzelt Mädchen finden können, die diese Kunst verstehen. Dagegen haben sich in den Blumenbooten mindestens gesellschaftliche Sitten erhalten, die einer gewissen Anmut nicht entbehren — wie sich überhaupt die Prostitution bei den ostasiatischen Völkern von der bei den weißen Nationen durch die feineren Formen auszeichnet, die sie selbst in den billigeren Preislagen noch bewahrt. Sowohl in den Blumenschiffen wie in den blauen Häusern werden noch heute Gäste empfangen; zuweilen wird behauptet, nicht alle Besucher dieser Anstalten täten dies um des unmittelbaren geschlechtlichen Zweckes wegen.

So wies der Militärattaché der chinesischen Gesandtschaft in Paris, Tschung ki Tong — vielleicht allzu unschuldig — die Behauptung zurück, die Blumenschiffe seien als Stätten der Ausschweifung zu betrachten. „Die Blumenschiffe verdienen diesen Ruf ebensowenig, wie die Konzertsäle Europas. Es ist dies ein Lieblingsvergnügen der chinesischen Jugend. Man veranstaltet Wasserpartien hauptsächlich abends in Gesellschaft von Frauen, welche die Einladung dazu annehmen. Diese Frauen sind nicht verheiratet; sie

[3]) S. 48.

sind musikalisch, und aus diesem Grunde werden sie eingeladen. Will man eine Partie veranstalten, so findet man an Bord Einladungskarten, auf welchen man nur seinen eigenen Namen und den der Künstlerin und die Zeit der Zusammenkunft auszufüllen braucht. Es ist dies eine sehr angenehme Art, sich die langsam dahinschleichende Zeit zu vertreiben. Man findet auf dem Schiff alles, was ein Feinschmecker nur wünschen kann, und die Gesellschaft der Frauen, deren harmonische Stimmen in Verbindung mit den melodischen Tönen der Instrumente bei einer Tasse köstlich duftenden Tees die Abendfrische beleben, wird nicht als eine nächtliche Ausschweifung betrachtet.

„Die Einladungen gelten nur für eine Stunde. Man kann die Zeit jedoch ausdehnen, wenn die Frau nicht anderweitig engagiert ist; — natürlich muß das Honorar dann verdoppelt werden. Die Frauen werden in unserer Gesellschaft nicht in bezug auf ihre Sitten beurteilt; sie können in dieser Hinsicht sein, wie sie wollen; das ist ihre Sache . . . Der Reiz ihrer Unterhaltung wird ebenso hoch geschätzt, als ihre Kunst. — Wenn man von diesen Zusammenkünften etwas anderes behauptet, so ist das einfach eine Fälschung der Wahrheit.“ [1]

In den Blumenbooten und in den blauen Häusern werden Kinder, die gestohlen oder von den Eltern geraubt sind, zur Prostitution herangebildet. Sechs bis sieben Jahre alt haben sie die älteren Mädchen und ihre Besucher zu bedienen. Im Alter von 10 bis 11 Jahren lernen sie Singen und Spielen, auch Lesen, Schreiben und Malen. Sind sie 13 bis 15 Jahre alt geworden, so werden sie von ihren Herren ausgenutzt — zunächst außerhalb des Hauses, später im Hause selbst. Diese unglücklichen Wesen verwelken früh — wie alle Prostituierten. Sind ihre Reize dahin, so sitzen sie in den Straßen der großen Städte, um vorübergehenden Soldaten oder Tagelöhnern gegen geringes Entgelt zerrissene Kleider auszubessern.

Solange sie schön sind, bilden sie eine Zierde des blauen Hauses oder des Blumenbootes. Das Leben auf diesen hat viele Europäer romantisch angezogen. Knochenhauer entwirft folgende Schilderung [2]:

„Das sind schwimmende Restaurants und Bordells, die abends festlich mit allerhand Lampions erleuchtet sind, in Reih und Glied auf dem Flusse nebeneinander liegen und mit dem Widerschein der tausend Lichter auf dem Wasser einen feenhaften Eindruck gewähren. Die unteren Etagen dieser hochaufgebauten Fahrzeuge sind für das Volk Freudenhäuser niedrigster Art, in denen sich ein ungemein lebhafter und ungenierter Verkehr abspielt. Die Räumlichkeiten, die dem einzelnen zur Verfügung gestellt werden, sind nicht größer, als der Bettraum in einem Eisenbahn-Schlafwagen. Aber oben, im Salon, amüsiert sich die elegante Welt, die Jeunesse dorée Kantons bei Gelagen mit Musik. Die innere Ausstattung dieser

[1] Zitiert nach: Das Weib in der Natur- und Völkerkunde. Anthropologische Studien von Dr. Heinrich Ploß und Dr. Max Bartels. 10. Aufl. Herausgegeben von Dr. Paul Bartels. Leipzig. Grieben. Bd. 1, S. 620.

[2] Zitiert nach Ploß-Bartels S. 620.

Räume ist äußerst prächtig, mit vielen, teils vergoldeten, teils glänzend lackierten Schnitzereien und herrlichen Seidenstoffen. Und das alles in der Lichtfülle, die mehr als ein Dutzend großer und hellbrennender Petroleumlampen spenden.

„Den Besuch eines Blumenbootes sollte kein Fremder unterlassen, und in der Tat sind die Salonrestaurants auch auf europäische Besucher eingerichtet. Ich bin mit mehreren europäischen Damen und Herren der Hongkonger Gesellschaft dagewesen. Wir waren auf dem offenen Achterdeck, von wo aus wir einen herrlichen Blick auf den belebten Fluß mit seinen tausend Fahrzeugen, auf die vielen festlich erleuchteten Blumenboote und auf die Millionenstadt Kanton mit ihren Pagoden und Tempeln hatten. Das Achterdeck ist nämlich nicht überdacht, der Salon ist nach dieser Seite zu offen, und so schauten wir unmittelbar hinein. Um einen großen runden Tisch saß eine Anzahl vornehmer Chinesen in kostbaren Seidenkleidern, eifrig bei einer Mahlzeit beschäftigt. Hinter jedem saß auf demselben Sessel ein Singmädchen, von denen jedes wiederum seine Dienerin hinter sich hat. Aber nur die Herren der Schöpfung taten sich bei Speise und Trank gütlich, die holde Weiblichkeit hatte das Zusehen und dann und wann die Aufgabe, durch plärrenden Gesang, begleitet von einer einsaitigen quietschenden Geige, die Gesellschaft zu belustigen. Aber in der ganzen Gesellschaft herrschte ungemeine Heiterkeit."

8. **Aus der Geschichte der chinesischen Prostitution. Auswandernde Prostituierte. Frauenraub.**

Das Gewerbe der Prostitution und das der Kuppelei ist in China sehr alt. Aus der chinesischen Literatur lassen sich zahlreiche Beweise dafür geben. Auch die Reisebeschreibungen weißer Beobachter wissen seit Jahrhunderten davon zu erzählen. So entwarf der Portugiese Fernand Mendez Pinto um die Mitte des 16. Jahrhunderts von Peking ein Bild, in welchem auch die Prostitution ihre bedeutsame Stelle erhält. Er beschreibt, wie die einzelnen Stadtteile spezialisierten Wohn- oder Berufsaufgaben dienten. Man würde dieser Schilderung ihren Reiz nehmen, wollte man nur die Zeilen über die Freudenmädchen lesen; ich setze deshalb die ganze Stelle hier her[1]): „In der Stadt liegen 500 sehr große Paläste verteilt, welche man Häuser der Söhne der Sonne nennt, und in welchen alle, welche im Kriegsdienste für den König verwundet oder alt und untauglich geworden sind, wohnen, und denen jeden Monat eine bestimmte Löhnung zu ihrem Unterhalte von dem Staate bezahlt wird, und solcher Leute sollen stets 100 000 vorhanden sein. In einer besonderen Straße wohnen in niedrigen Häusern 24 000 Schiffer und Ruderknechte des Königs, in einer anderen etwa eine Meile langen Straße halten sich 14 000 Wirte auf, welche den Hof zu besorgen haben und ihm folgen müssen. Eine andere eben so lange Straße ist für Lustdirnen bestimmt, größtenteils Weiber, welche ihre Männer verlassen haben, um dieses Geschäft zu be-

[1]) Fernand Mendez Pinto: Abenteuerliche Reisen durch China, die Tartarei, Siam, Pegu und andere Länder des östlichen Asiens. Neu bearbeitet von Ph. H. Külb. Jena, Hermann Costenoble 1868, S. 169 f.

treiben. Diesen Stadtteil, welcher von Bächen und Teichen durchschnitten ist, haben auch die Wäscherinnen, deren es über 100 000 geben soll, zu ihren Aufenthalt gewählt, und in diesem Viertel, das zur größeren Sicherheit mit einer besonderen Mauer umgeben ist, wohnt auch in 1300 prachtvollen Gebäuden die männliche und weibliche Geistlichkeit der vier hauptsächlichen chinesischen Religionssekten, und in mehreren dieser Häuser sollen außer den Dienerschaften über 1000 solcher geistlichen Personen leben. In einem anderen Stadtviertel unterhält eine Gesellschaft reicher Kaufleute prachtvoll eingerichtete Gebäude, in welchen Gastmähler und Festlichkeiten gegen bestimmte Bezahlung besorgt werden. Der Wirt hat sich bei seinen Leistungen nach einem von der Regierung ausgefertigten Buche zu richten, in welchem festgesetzt ist, was er *für einen bestimmten Preis zu liefern hat*, und er muß nicht nur für Speisen und Getränke, sondern auch für die nötigen Geschirre, sowie für jede Bequemlichkeit und alle bei den Chinesen unentbehrlichen Vergnügungen für Schauspieler, Gaukler, Musikanten *und Freudenmädchen* und sogar für Vorbereitungen und Gerätschaften zur Jagd und Fischerei sorgen."

Auch damals gab es offenbar neben den billigeren Freudenmädchen, die man an Ort und Stelle aufsuchen konnte, feinere, die von Unternehmern gehalten wurden, um sie dem Luxus der Reichen zur Verfügung zu stellen, und es waren dafür *behördlicherseits bestimmte Taxen* aufgestellt. — Bezweifeln möchte ich, daß die Dirnenhäuser, wie Pinto meint, größtenteils Weiber enthielten, die ihre Männer verlassen hatten; vermutlich war dies eine ungenaue Nachricht.

Immerhin ist es nicht unmöglich, da die Prostitution auch in China von der guten Gesellschaft und daher vom Staate *sozial verachtet* wird, was natürlich ihrer Benutzung durch Männer der oberen Klassen dort ebensowenig im Wege steht wie in anderen Ländern. Die Nachkommen derjenigen, die sich der öffentlichen Prostitution ergeben haben, sind in China *in drei aufeinanderfolgenden Generationen* von den Staatsprüfungen und allen Ehrenämtern ausgeschlossen, weil diese Abstammung auf einen schlechten Charakter hinweise; übrigens teilen die Nachkommen von Schauspielern dieses Schicksal. Die verachteten Abkömmlinge eignen sich nach chinesischer Auffassung während dieser Zeit weder zu Lehrern noch zu Beamten; es bedürfe einer Anzahl von Generationen, bis sich die schlechten Familieneigenschaften verloren haben [2].

Über die heutige Anzahl der Prostituierten in China selbst läßt sich irgendeine zuverlässige Angabe nicht machen. Man ist auf Einzelangaben angewiesen, die sich in der Regel auf *die den Fremden geöffneten Häfen* beschränken. So soll es 1861

[2]) Fachmännische Berichte über die österreichisch-ungarische Expedition nach Siam, China und Japan, herausgegeben von K. v. Scherzer. 1872. Anhang, S. 54. (Angeführt nach Dr. Karl Bücher: Die Entstehung der Volkswirtschaft. 2. Auflage. Tübingen, Laupp 1898, S. 343.)

in Amoy bei damals 300 000 Einwohnern 3650 Bordelle mit 25 000 Mädchen gegeben haben [3]. In Singapore sollen 7 bis 8000 chinesische Blumenmädchen leben, in den anderen Kolonien Ostasiens noch weit mehr [4].

Gottwaldt nimmt an, von sämtlichen auswandernden Chinesinnen seien vier Fünftel zur Klasse der Prostituierten zu rechnen, so daß die Zahl der nach dem Ausland gehenden verheirateten Chinesinnen höchstens 1 Proz. derjenigen der Männer betragen dürfte. Er meint ferner: nach chinesischem Gesetz sei die Eingehung der Ehe mit einer öffentlichen Dirne für einen Mann und seine Nachkommen entehrend und habe ausnahmslos den Ausschluß aus dem Klan zur Folge; daher sei es äußerst selten, daß sich chinesische Prostituierte im Ausland mit ihren Landsleuten dort verheirateten. Dagegen sind Mischehen mit eingeborenen Frauen außerordentlich häufig. Diese Frauen pflegen an ihren chinesischen Männern zu hängen und die gute ihnen gebotene Behandlung zu schätzen [5].

*

* *

Ich möchte es nicht für unwahrscheinlich halten, daß in einigen Teilen Chinas der Mädchenhandel eine alte Erinnerung an den Frauenraub ist, der bei ursprünglichen Völkern fast überall anzutreffen ist. Es schien oder scheint noch heute solchen Völkern zu große Mühe zu machen, Mädchen aufzuziehen; während man sich dieselbe Mühe bei den Knaben nicht wohl ersparen konnte. Während also z. B. die Hak-ka im südlichen China ihre neugeborenen Mädchen häufig töten, unternehmen sie andererseits Raubzüge über die Grenze nach Tonking, um sich mit Weibern zu versorgen. Die schönsten unter ihnen werden für die Bordelle in Kanton ausgesondert. Andere werden als Dienstboten in den zahlreichen Herbergen untergebracht, die die großen Verkehrsstraßen in China säumen. Der Reisende erhält in ihnen stets für geringes Entgelt Wasser und Feuer, um sich seinen Reis zu kochen, und kann die Nacht dort verbringen. Die Eigentümer dieser Herbergen verbinden mit diesem wenig einträglichen Gewerbe das des Bordellwirts. Viele der aus Tonking geraubten Frauen werden benutzt, um das weibliche Personal zu vermehren [6].

9. Mädchenhandel in den englischen Besitzungen Süd-Ost-Asiens. Gewalttaten und Verbrechen. Schändung gelber Mädchen.

In den Kolonien der weißen Völker in Ostasien wird der Mädchenhandel vielfach ganz offen betrieben, auch wo er gesetzlich verboten ist. So hat 1913 das niederländisch-indische Blatt „Locomotif“, das schon manchen Mißstand mutig angegriffen hat, über den Mädchenhandel auf Niederländisch - Indien

---

[3]) Ploß-Bartels S. 619.
[4]) H. Gottwaldt S. 49.
[5]) Dies wird z. B. in dem wertvollen Buche Friedrich Ratzels „Die chinesische Auswanderung“ (Breslau 1876, J. U. Kerns Verlag [Max Müller]) mehrfach erwähnt.
[6]) Ploß-Bartels S. 620 f.

die Angabe gemacht, daß dieser, soweit eingeborene Mädchen betroffen würden, für die öffentlichen Häuser der Straits Settlements bei Gelegenheit der Kulianwerbung vor sich gehe. Sein Mittelpunkt liege in Surabaja. Unter den schändlichsten betrügerischen Vorspiegelungen verlocken eingeborene Werber, die sogenannten Hadjis, oder auch Europäer junge eingeborene Mädchen zum Mitgehen. Gute Stellungen, wenn nicht Heiraten werden ihnen in Aussicht gestellt, sie erhalten hübsche Kleider und etwas billigen Schmuck. Dann schafft man sie nach Surabaja und verkauft sie dort an einen Chinesen, der übrigens der holländischen Verwaltung genau bekannt ist. Von hier aus befördert man sie heimlich weiter nach den Hafenplätzen, von wo sie als Frauen der Hadjis oder der Chinesen nach Pinang oder Singapore geschafft werden. Hier liefert sie der Begleiter an ein Bordell ab, wo er unter dem Vorwand verschwindet, er müsse einige Einkäufe machen. Der Marktpreis der Opfer beträgt je nach Jugend und Schönheit in Surabaja 60 und mehr Gulden, in Singapore oder anderen Häfen 150 bis 300 Straits Dollars. Solange nicht die Art der Kulianwerbung gründlich reformiert wird, können diese Mißstände bei der Arbeiterinnenanwerbung trotz dem Bestehen der Arbeitsinspektion kaum abgestellt werden.

Schmachvoll liegen die Dinge in Hongkong und namentlich in Singapore. H. Norman behauptet in seinem Buche „The Peoples of the Far East", die Prostituierten seien hier völlig schutzlos. Wenn auch in den letzten Jahren von den britischen Kolonialregierungen die Bestimmungen verschärft wurden, so kann England jedenfalls nicht für sich in Anspruch nehmen, hier ehrlich den Kampf gegen den Mädchenhandel durchgeführt zu haben, den es in der Heimat auf seine Fahne geschrieben hat.

Im Gegenteil: es verfährt ganz in der Art, die auch sonst seine politische Moral anrüchig gemacht hat. Zwar hat es scharfe Vorschriften erlassen, führt sie aber nur zum Schutz englischer Frauen durch. Weiße Frauen und Mädchen aller übrigen Völker können ruhig in die Lasterhöhlen der britischen Kolonien in Ostasien geschafft, dort vergewaltigt und zugrunde gerichtet werden, ohne daß die Regierung einschreitet. Das Verbot, englische Mädchen in die Bordelle zu bringen, besteht für Singapore, Hongkong, Shanghai, Pinang, Borneo, Ceylon, Rangoon, Kalkutta, Bombay, Madras und Delhi — also für mancherlei Städte und Gebiete, in denen die weiße Prostitution und der weiße Mädchenhandel im übrigen blüht.

Was in Malay Street in Singapore, in Scotts Road in Schanghai, in Taku Road in Hongkong geschieht, ist so allgemein bekannt, daß auch ehrliche Engländer dagegen protestiert haben. So erschien 1912 ein Buch von Frau Archibald Mackirdy und W. N. Willis „The White Slave Market", das insbesondere auf die grauenhaften Zustände in Singapore aufmerksam macht. Hier gehört die Bordellstraße zu den anerkannten Sehenswürdigkeiten, in die mit Vorliebe auch weiße Frauen, die sich mit ihren Männern auf der Reise befinden, einen neugierigen Blick werfen — ganz wie in die Blumenboote in Kanton oder in das Liebesviertel in Tokio. Der Kuli, dessen

Rickscha man in Singapore gegen Abend besteigt, weiß mit ebenso tödlicher Sicherheit, daß ihm zugerufen wird: „Pigie, Pigie, Malay Street!“ — wie der Rickscha-Kuli in Tokio um dieselbe Zeit den Auftrag erwartet, sich nach dem Joschiwara in Bewegung zu setzen. Hunderte von Bordellen sind in Singapore in einem Straßenviertel vereinigt, das eine völlig internationale Bewohnerschaft beherbergt. Amerikanerinnen sind hier wie in anderen Bordellen Ostasiens so häufig, daß Chinesen und Japaner weiße Prostituierte nicht selten als „amerikanische Mädchen“ bezeichnen. In Singapore herrschen jedoch die Japanerinnen vor; neben ihnen sind alle anderen Rassen vertreten. Die Angelsachsen pflegen die Malay Street „die babylonische Hölle des Ostens“ zu nennen.

In der Tat sind hier Gewalttat und Verbrechen an der Tagesordnung. Auch Todesfälle sind nicht selten — darunter gar mancher Selbstmord eines zur Verzweiflung gebrachten Mädchens. Wird doch offenbar „weiße Ware“ auch gegen ihren Willen, ja ohne daß sie die Verhältnisse irgend kennt, hierher verschleppt. Es soll dort ein Klub bestehen, dem nur Mädchenhändler angehören. Sie bedienen sich namentlich des Gouvernantenschwindels, der noch immer seine Ergiebigkeit nicht verloren hat. Felix Baumann, ein guter Kenner solcher Fragen, meint [1], daß in schwierigen Fällen das Opfer in Europa geheiratet, später in Singapore verschachert werde.

„Ein anderer Trick besteht darin, sich als Abgesandter eines indischen Fürsten zu gerieren und beauftragt zu sein, für diesen eine weiße Frau zu suchen. Tatsächlich sollen, wie die Verfasser des erwähnten Buches betonen, einige Mädchenhändler mit obskuren indischen Fürstlichkeiten in Geschäftsverbindung stehen und ihnen „weiße Ware“ für hohe Summen liefern.

„Übrigens vollzieht sich auch ein schwungvoller Export von Amerikanerinnen nach Ostasien. Willis führt sogar den chiffrierten Kodex an, der Händlern und Abnehmern zur Verständigung dient. Ein Manöver der Händler ist, nachdem das Opfer geheiratet und nach Ostasien gebracht worden ist, in amerikanischen Zeitungen eine Nachricht über den in der Ferne erfolgten Tod der Verschleppten zu veröffentlichen.“ [2])

Auch den in Singapore lebenden reichen Chinesen liefern die Mädchenhändler europäische Mädchen. Die dafür erzielten Preise sind wahrscheinlich noch höher als die von den Bordellbesitzern gezahlten. Wie hoch sich der Verdienst der letzteren beläuft, läßt die Tatsache ahnen, daß eine der bekanntesten Bordellwirtinnen für die Übernahme eines Hauses in Malay Street die Kleinigkeit von 100 000 Mark bezahlte.

Am ärgsten soll es nach den Angaben von Willis in Shanghai zugehen. Dort würden die Mädchen, die sich nicht in ihr Schicksal fügen, kurzerhand in die alte Chinesenstadt gebracht. Hätten sie die Schicksalsbrücke überschritten, die zu dieser hinüberführt, so pflege man nie wieder etwas von ihnen zu hören. Es wird behauptet,

[1]) „Tag“ vom 13. September 1912.
[2]) Ebenda.

daß viele junge Mädchen, die in den letzten Jahren spurlos verschwanden, hier ihr Ende gefunden haben.

Nun wird man damit rechnen müssen, daß viele Angaben solcher Art in gutem Glauben erfunden, jedenfalls nicht kritisch erhärtet sind. Immerhin ist das eine sicher, daß fast jeder Dampfer nach Singapore frische Menschenware schafft und daß sehr viele Mädchen nie wieder zurückkommen.

Verhält sich das amtliche England schon gegenüber dem Handel mit weißen Mädchen, soweit sie nicht aus England kommen, in den Kolonien gleichgültig, so gilt dies noch mehr für Gewalttaten gegen gelbe Mädchen. So wurde 1912 bekannt, daß ein birmanisches Mädchen von erst 10 Jahren durch einen Engländer entführt und gewaltsam festgehalten worden war. Der Pflanzer, der sich dieses Vergehens schuldig machte, hielt das Mädchen 3 Monate lang in seinem Hause fest, verweigerte ihr die Erlaubnis, auch nur die Eltern zu besuchen, ja verhinderte sie sogar, ihren Vater in seiner Todeskrankheit aufzusuchen oder auch nur an seinem Begräbnis teilzunehmen. Obwohl nun Entführung nach englischem Recht die Verhaftung des Übeltäters und seine Unterbringung im Gefängnis vorschreibt, wurde ihm doch erlaubt, außerhalb des Gefängnisses zu bleiben, als die Anklage gegen ihn erhoben ward. Der Richter, der die Sache zu führen hatte, war mit dem Pflanzer eng befreundet, wie von Verwandten und Freunden des Malayenmädchens behauptet wurde, so daß diese an den stellvertretenden Gouverneur eine Petition richteten, den Rechtsfall einem anderen Richter, der mit dem Angeklagten nicht persönlich befreundet sei, zu übertragen. Der Gouverneur schlug die Petition ab, und der Angeklagte wurde freigesprochen. — Bekannt geworden ist dieser Fall nur dadurch, daß Mr. Arnold, der Herausgeber des „Burma Critic“, ihn in seiner Zeitung mutig angriff; worauf der Staatsanwalt gegen Arnold einschritt und die aus Engländern zusammengesetzte Jury diesen verurteilte! Es muß rühmend anerkannt werden, daß eine der bedeutendsten Tageszeitungen Englands, die „Daily News“, sich der Sache annahm und dringend forderte, der Fall müsse nochmals untersucht werden. Es sei zwecklos und ungerecht, den Mann ins Gefängnis zu stecken, der den Mut gehabt habe, ein offenbares Vergehen anzugreifen, das gerichtlich nicht den Vorschriften entsprechend behandelt worden sei. In der Tat war es ein schreiender Widerspruch, daß sich in einer englischen Kolonie dieser Fall zu derselben Zeit ereignen konnte, als man in Großbritannien in der „Criminal Law Amendment Bill“ ein verschärftes Gesetz gegen den Mädchenhandel beschloß.

10. Japanische Liebeskünstlerinnen. Entstehung des Joschivara. Häuser 1., 2. und 3. Klasse.

Auch in der japanischen Geschichte finden sich Erinnerungen an hochgebildete, elegante Liebeskünstlerinnen. Sind diese doch häufig von japanischen Künstlern dargestellt worden. So hat Utamare, den man einen japanischen Präraphaeliten genannt und mit Dante Gabriel Rossetti verglichen hat, diese vornehmen Damen in ihrer feinen Eleganz mit Vorliebe gemalt.

Daß die Stellung der japanischen Frau nicht immer so unterwürfig gewesen sein kann, wie sie heute ist oder doch von weißen Beurteilern betrachtet wird, ergeben manche Tatsachen der japanischen Geschichte. Die Kaiserin Jingo-Kogo (201—263 n. Chr.) hat an der Spitze ihres Heeres Korea erobert, und in der Feudalzeit (Ende des 12. bis Mitte des 19. Jahrhunderts) sind viele tapfere Frauen wie Tomoje, Hangaku und andere mit ihren Männern in die Schlacht gezogen. Selbst während des Aufstandes des Feldmarschalls Saigo Takamori (1878) gegen den 10 Jahre vorher wieder zur wirklichen Herrschaft gekommenen Mikado soll ein Frauenregiment gegen die kaiserlichen Truppen zu Felde gezogen sein. Und als der heutige Zar als Thronfolger in Japan von einem Fanatiker verwundet wurde, eilte eine Japanerin von weit her nach Kioto, um dort vor dem alten Kaiserpalast Selbstmord zu begehen und damit eine Sühne für das Verbrechen ihrer Nation zu bringen.

So alt wie die Geschichte, selbst die ältere sagenhafte Geschichte Japans, ist auch die dortige Prostitution. Ursprünglich gab es dafür Bordelle, die in jeder Stadt an verschiedenen Stellen zerstreut lagen. Japanische Mädchen oder auch Ehefrauen verkauften sich auf eine bestimmte Zeit ins Bordell und mußten diesen Zeitraum innehalten. Anfang der 70er Jahre des letzten Jahrhunderts wurde ein Befehl erlassen, der dies verbot und allen Prostituierten die Selbstverfügung zurückgab. Wirklich erlangten viele dadurch die Freiheit. Alsbald änderten die Bordellbesitzer den Namen „Bordell" (Seiro, Ageya, Giro, Joroya) in Kaschijatschiki um, d. h. in einen „Raum, der zu vermieten ist". Sie mieteten nunmehr die Prostituierten, anstatt sie zu kaufen. Dadurch war dieselbe Ausbeutung ermöglicht, die in europäischen und amerikanischen Bordellen noch heute an der Tagesordnung ist; wenn ein Mädchen nach einiger Zeit das Haus verlassen wollte, stellte sich heraus, daß es durch das schriftliche Versprechen gebunden war, sein Gewerbe solange in diesem Hause auszuüben, bis das Mietgeld, das in Form eines Darlehens im voraus gegeben war, zurückgezahlt sei — und selbstverständlich war das Mädchen nunmehr in der Schuld des Bordellbesitzers. Zuweilen tauschte dieser seine Mädchen mit denen eines Kollegen in einer anderen Stadt oder mit dem Besitzer eines Teehauses.

Einmal veranlaßte die Heilsarmee in dem Liebesviertel von Tokio, dem berühmten Joschiwara, eine große Bewegung, indem sie die persönliche Freiheit des Menschen predigte. 500 Mädchen entflohen, und die Polizei, die jene frühere Reform durch ihre Bureaukratie unwirksam gemacht hatte, führte nun die Neuerung ein, daß jedes Mädchen das Joschiwara verlassen durfte, sobald es auf der Polizei schriftlich die Absicht dazu erklärte. Mehr als 1100 Mädchen wollten damals davon Gebrauch machen, so daß viele Bordellbesitzer ihre Anstalt schließen mußten und in dem Joschiwara eine Geschäftskrisis ausbrach. Wie jeder Reformversuch, den man im Interesse dieses „ältesten Gewerbes der Welt" unternahm, ist auch dieser schließlich ins Wasser gefallen.

Vielleicht trug dazu der Umstand bei, daß die Polizei das Fortbestehen des Joschiwara wünschte. Ist es doch sehr viel leichter, einen schweren Verbrecher einzufangen, wenn die Prostitution kaserniert bleibt. Sie kehren dorthin immer wieder zurück, wie auch unsere Schwerverbrecher am leichtesten bei ihren Geliebten eingefangen werden.

So lebten denn Anfang 1911, vor dem Brande, der das Joschiwara fast ganz vernichtete, etwa 7000 Mädchen dort; 500 Häuser brannten ab, so daß 6000 Mädchen obdachlos wurden.

Die Entstehung des Joschiwara geht auf den Beginn des 16. Jahrhunderts zurück. Damals wurde Yedo, das heutige Tokio, zur Hauptstadt erhoben, während das kaiserliche Hauptquartier bis dahin in Kioto gelegen hatte. Alles strömte nun nach der neuen Hauptstadt — auch die Prostituierten, die von Kioto, Nara und Fuschimi meist in kleinen Gruppen von 3 oder 4 Köpfen herbeieilten. Aus der kleinen Provinzstadt Moto-Joschiwara in der Provinz Tokaido soll ein Trupp von 20 bis 30 Liebeskünstlerinnen gekommen sein, die mehr noch als durch ihre Zahl durch ihre Schönheit auffielen. Nach ihnen habe man — so lautet die eine Überlieferung — das Liebesviertel in Tokio benannt; während eine andere Erklärung wenig romantisch davon spricht, daß Joschi „Rohr" und Hara „Heideland" bedeutet, also das Joschiwara-Viertel auf einem mit Rohr und Schilf bewachsenen Sumpfboden erbaut worden sei. Noch eine andere Erklärung geht dahin, Joschi bedeute Glück, wara weise.

Der starke Zuspruch, den die Bordelle fanden, ließ sie mächtig anschwellen. 1617 soll man an ihrer Ausdehnung Ärgernis genommen haben, so daß sie in einem Stadtteil zusammengedrängt wurden. Später, als man hier (in dem Nihombaschi-Viertel, dem heutigen Hauptverkehrsmittelpunkt Tokios, nahe dem Hauptbahnhof) Platz brauchte, wurde das Joschiwara weit vor die Stadt hinaus verlegt, so daß man heute mit der Rickscha vom Hauptbahnhof aus eine Stunde braucht, um zu dem ummauerten und jeden Abend in hellem Lichterglanz erstrahlenden Joschiwara zu gelangen.

Gegen Ende des 18. Jahrhunderts bildete sich die Sitte heraus, die Häuser des Joschiwara nach ihrer Preislage durch die Höhe der Gitterstäbe zu kennzeichnen, hinter denen ihre Ware zur Schau gestellt wird. Bis heute hat sich die Sitte erhalten, daß die Insassinnen dieser niedrigen oder hohen, ärmlichen oder reich ausgestatteten, hölzernen oder steinernen Häuser im Schaufenster ausgestellt werden, um die Vorübergehenden anzulocken. In dem grell erleuchteten Erdgeschoß sitzen sie hier hinter dem Holzgitter in Reih und Glied und lassen Gesicht und Kleidung, vor allem auch ihre wundervolle Haartracht bewundern. Ist diese doch ein Hauptkennzeichen der japanischen Prostituierten. Auf allen den Bildern, die berühmte japanische Kurtisanen darstellen, fällt besonders der Kopfputz auf, der aus einer sehr großen Anzahl von Haarnadeln besteht.

Auch pflegen sie den Obi, die große Schleife, die von anständigen Frauen hinten getragen wird, vorn an ihrer oft sehr reichen und kostbaren Kleidung zu tragen. Schwere seidene Gewänder mit prachtvollen farbigen Stickereien werden von den teureren, schreiend bunte seidene Kimonos von den billigeren Mädchen getragen. Hinter ihren Fenstergittern sitzen sie plaudernd und lachend, lächelnd oder den Vorübergehenden ohne Gemeinheit zuwinkend, da. Bei den teuren Häusern reichten, als man sie am Ende des 18. Jahrhunderts einführte, die hölzernen Gitterstäbe bis zur Decke, während sie bei denen zweiter Klasse kürzer und schmäler waren und bei denen der niedrigsten Klasse nicht vertikal, sondern horizontal liefen.

Bis zum Jahre 1872 erhielt sich diese Unterscheidung. Damals wurde das Verbot, höher als zwei Stockwerke zu bauen, aufgehoben, so daß seither mehrstöckige Häuser zahlreich gebaut worden sind. Ploß-Bartels gibt an, die Häuser 1. und 2. Klasse stellten zum Teil ihre Mädchen nicht mehr aus, sondern beschränkten sich auf die Anbringung ihrer Photographien außen am Hause; einige täten auch dies nicht einmal. Dieselbe Quelle beziffert die Zahl der Prostituierten im Joschiwara von Tokio 1899 auf etwa 3000, die sich auf 5 Häuser 1. Klasse, 4 Häuser 2. Klasse und 147 Häuser 3. Klasse verteilten.

11. Abweichende Urteile über das Leben in den japanischen Bordellen, Mädchenhandel. Der Straßenzug der „schönen Damen".

Die Beurteilung des Lebens im Joschiwara ist je nach der Weltanschauung und wohl auch unbewußt nach dem sexuellen Temperament recht verschieden. Nicht selten findet man das Joschiwara in einer Art bengalischer Beleuchtung dargestellt. So schrieb Dr. Robert Brunhuber (Köln):

„Licht, Farbe und Schönheit vereinigen sich zu einem überwältigenden Hymnus. Dunkel liegen die Seitenstraßen des großen Hauptweges. Mit dem Raffinement des Theaterdekorateurs hat man jedes Seitenlicht vermieden, dessen Reflexe das Auge stören könnte. Der Blick wird einzig gebannt durch die buntleuchtenden Bilder, die von den erhöhten Parterres der Häuser herabgrüßen.

„In prunkvolle Rahmen sind diese Bilder gefaßt. Die herrlichen, dunkelvergoldeten Holzschnitzereien, die in den ostasiatischen Tempeln eine so prächtige Wirkung ausüben, sind am meisten als dekorativer Hintergrund benutzt. Große Spiegel in der Mitte und die Seitenkulissen dienen als Reflektoren für die verschwenderische Lichtfülle, die aus verdeckten Quellen hervorströmt.

„In diesem zitternden Fluidum von Licht und Farbe sitzen, vom Publikum durch schmale Gitterstäbe getrennt, die zierlichsten japanischen Frauen. Das Haar in prächtiger Coiffüre, das Gesicht nach Landessitte stark geschminkt und gepudert und angetan mit den schönsten Erzeugnissen der japanischen Seidenindustrie. Kimonos in dunkel gesättigten Farben, um die schlanke Taille den Obi in pikanter Abtönung. So reiht sich ein überraschend schönes Bild an das andere. Relief und Staffage ändern sich von Haus zu Haus. Hier eine Szenerie in buntfarbigem, modernstem Jugendstil mit Mädchen in großblumigen Gewändern. Dort eine japanische Ebenholzgarnitur, dunkle, tieffarbige Möbel- und Teppichstoffe, von denen sich das weiche Heliotrop der Kimonos schmeichelnd abhebt.

Wieder weiter auf leuchtendem Goldgrund das glänzende Schwarz der Kleidung, die als dunkle Leiste das bleiche zarte Gesichtchen der Djoros wirkungsvoll umrahmt.

„Zu fünfzehn, zwanzig, dreißig hocken sie in ihren goldenen Käfigen, regungslos, eine neben der anderen in langer Reihe auf dem teppichbedeckten Boden. Aufmerksam mustern die scharfen Augen den vorbeirauschenden Menschenstrom. Das Spiegelchen mit dem Puderquast und der Schminke weicht nicht von der Seite; unablässig wird das winzige Pfeifenköpfchen nach den obligaten drei Zügen in den messing-getriebenen Feuerkasten entleert.

„Stumm sitzen die schönen Pagodenbilder. Selten wird ein Wort untereinander, noch seltener eins mit der Außenwelt gewechselt. Nichts Obszönes beleidigt den Blick, nichts belästigt den staunenden Fremden, den häufig ein lächelndes Kopfnicken, ein freundliches Zuwinken der schmalen Hand begrüßt. Doch auch keine Frauenehre wird hier in gemeiner Häßlichkeit beschmutzt. Ein Hauch jener hellenischen, antiken Auffassung der Liebe und Sinnenlust begegnet uns hier in der Moderne, die den Adel des Geschlechtstriebes nicht in der gebuchten Ehrbarkeit, also einer Standesfrage, sondern in dem mit Schönheit gepaarten Anstand der Persönlichkeit sah. Hier ist dies Ideal verwirklicht.“ [1])

Andere Beobachter sind nicht so begeistert. So meint Dr. Fritz Wertheimer, einer der besten Kenner Ostasiens:

„Es ist ein goldenes Elend, dem die Mädchen innerhalb der Gitter entgegenlachen. Es ist wahr, früher galt das Gewerbe nicht als besondere Schande. Früher, als die eigentliche Geisha — wohl zu trennen von dem Joschiwara-Mädchen! — noch Künstlerin war und man sie als solche auch heiraten konnte, da heiratete man sogar unbedenklich ein Mädchen, das jahrelang in der Joschiwara gewesen war. Die Zeiten sind dahin, mögen noch so viele Globetrotter das schöne Märchen nacherzählen. Wie oft hört man die rührende Geschichte von den verarmten Eltern, die ihr Kind für wenig Silberlinge der Joschiwara verkauften, in der das arme Ding den Kaufpreis abverdienen sollte, bis sie in der Erfüllung treuer Kindespflicht elendiglich gebrochenen Herzens starb. Der Fall mag noch vorkommen, kommt vielleicht grade in der etwas zurückgebliebenen Echigo-Provinz noch vor, die die schönsten und beliebtesten Mädchen stellt und wo die Eltern in der Hoffnung einer späteren glücklichen Heirat ihre Tochter so verkuppeln mögen. Aber die Regel ist das doch nicht.“ [2])

Es soll in Japan an der Tagesordnung sein, daß ein Mädchen, dessen Eltern in Geldschwierigkeiten geraten, sich opfert, indem es sich in ein Bordell verkaufen läßt oder selbst verkauft. Mit dem Eintritt in das Haus wechselt sie ihren Namen, den sie erst ablegt, wenn sie in ein anderes Leben zurückehrt. Je nach der Anzahl der Jahre, für die sie sich dem Bordellbesitzer verpflichtet, und je nach ihrer Schönheit wird eine verschieden hohe Summe ge-

[1]) Im Berliner Tageblatt Nr. 636 vom 15. Dezember 1907.

[2]) In seinem aus Anlaß des Brandes des Joschiwara geschriebenen Aufsatz „Das Liebesviertel von Tokio“, Frankfurter Zeitung vom 11. April 1911.

zahlt: meist beträgt sie für 4 bis 5 Jahre etwa 400 Mark, wovon die Vermittler einen erheblichen Teil abziehen, um den Rest an die Eltern abzuliefern. Kehrt eine im Bordell gewesene Japanerin in das bürgerliche Leben zurück, so wird sie nicht verachtet, sondern genießt infolge ihrer Elternliebe die besondere Schätzung ihrer Mitmenschen. In den Biographien berühmter japanischer Prostituierter, die mit ihren Bildern in den „Pictorial Descriptions of the Famous Places in Tokio" veröffentlicht worden sind, wird von einer gesagt: sie hat ihren Körper befleckt, aber nicht ihr Herz; und sie wird als der „Lotos im Moraste" bezeichnet (Miki Tei-ichi)[3].

Eine japanische Redensart bezeichnet den Beruf der Prostituierten als „den Dienst der bitteren Welt". Andererseits kommt der charakterverderbende Einfluß dieses Lebens in dem alten japanischen Sprichwort zur Geltung, daß eine Kurtisane, die Vertrauen verdiene, ein ebenso großes Weltwunder sei wie ein rechteckiges Ei.

Immerhin bleibt festzuhalten, daß sowohl das Benehmen der japanischen Freudenmädchen wie das der Männer, die sich in hellen Scharen Nacht für Nacht in die Straßen des Joschiwara ergießen, nach europäischen Begriffen manches Lob verdient. Der beste Beweis dafür liegt in der Tatsache, daß selbst in Murrays Handbook, dem englischen Baedeker, das Joschiwara nicht nur aufgeführt, sondern durch Fettdruck ausgezeichnet ist. Übrigens gibt es besondere Bücher, in denen die Laternen, die Wappen darauf und die Schirme, die den einzelnen Damen vorangetragen werden, nach Art eines Verzeichnisses abgebildet sind[4].

In jeder Stadt und jedem Dorf in Japan, sei es noch so klein, ist ein Liebesviertel zu finden, von dem Fremden einfach nach dem Vorbilde von Tokio „Joschiwara" genannt. Jährlich einmal findet von hier aus das sogenannte Tayu-no-Michyuki statt — „der Straßen-Zug der schönen Damen". Eine Beschreibung Adolf Fischers gibt ein anschauliches Bild:

„Diese Auserwählten, die sich in königlicher Pracht dem Volke zeigen durften, mußten nicht nur durch Schönheit hervorragen, sondern auch durch Bildung, Talente, wie besonders feines Kotospiel[5]), kunstvolles Blumenstecken, Gewandtheit in Versen und dergleichen mehr. Mein ehrenwerter Patron, der kein Mustermädchen zu entsenden hatte, entschädigte sich dadurch, daß er allen Zuschauern in seinem Hause einen Dollar abnahm.

Die ohnedies äußerst gesittete Menge verstummte ganz, als sich der Zug, jeden Augenblick Halt machend, in feierlichem Schritt näherte. Ihn eröffneten fünf Geischas (Sängerinnen) in prächtigen Kostümen, mit Obis, breiten Seidengürteln, die hinten wie Flügel aufgebunden waren und bis zur Nackenhöhe reichten.

An einem weißroten Seile zogen sie einen Wagen, auf dem ein riesiger goldener Blumenkorb stand: darin bildeten Päonien, Kamelien, Schwertlilien, Chrysanthemen und blühende Kirschzweige einen farbenprächtigen Strauß. Diesem Gefährt folgten nun die Schönen.

---

[3]) Zitiert nach Ploß-Bartels S. 633.

[4]) Siehe eine Probeabbildung bei Ploß-Bartels S. 633.

[5]) Spiel auf einer 13seitigen, liegenden Harfe.

Vor jeder Dame zwei reichgekleidete Kinder, von denen die Mädchen große Kronen, Goldquasten, Schmetterlinge oder sonstiges Flitterwerk im Haar trugen, während die Knaben allerlei seltsame Tonsuren zeigten. Hinter diesen kleinen Trabanten, die wie Falter um die Blumen gaukelten, kam je eine Gefeierte, lauter schöne Mädchen, selbst nach europäischem Geschmack, in wundervoll gestickten, kostbaren Seidenbrokatkleidern von einer Pracht des Stoffes und einem Geschmack der Farben, wie ich sie nie geschaut habe. Der Obi war vorn über der Brust, den Schoß bedeckend, gebunden. Bei aller Buntheit nichts Schreiendes; zwischen den hellen Farbentönen immer ein sanfter, gebrochener; alles in den feinsten Stimmungen und Schattierungen, daß man nichts hinzutun, nichts hätte wegnehmen wollen. Diese Kostüme waren ideale Kunstwerke, die kein Alma Tadema herrlicher komponieren könnte.

Barfuß, auf sehr hohen lackierten Sandalen, schritten die Schönheitspriesterinnen einher, so daß man auch ihre tadellosen, schneeweißen Füßchen bewundern konnte. Mit ihren zarten Händchen die Schleppe des kostbaren Gewandes vorn über die Brust gekreuzt haltend und ernst blickend, wie Hero, wenn sie zu Hymens Opferaltar zieht, wallten die Phrynen feierlich die Straße entlang, ohne eine Spur von Frivolität. Je ein Diener in farbigem Kimono hielt schützend über den Stolz seines Hauses einen großen Bambusschirm, damit die Sonnenstrahlen die zarte Menschenblüte nicht versengten. Mitleid, nicht Verachtung empfindet die gute japanische Gesellschaft beiderlei Geschlechtes für diese jugendlichen, an ihrem Schicksal schuldlosen Geschöpfe, die von den Angehörigen oft schon im zartesten Kindesalter an die Joroyas verkauft werden.

Zu diesem ästhetisch vollendeten Anblick bildeten einen unwiderstehlich komischen Kontrast die braven Inhaber der Joroyas, die auf ihr Festgewand eine große Blume gestickt hatten und stolz neben dem Schönsten, das ihr Haus barg, durch die Menge schritten. So ehrbar sahen diese Herbergsväter aus, daß man sie für japanische Kommerzienräte hätte halten können, und eine Art Kommerzienräte sind sie ja auch. Noch drolliger wirkten die besorgten Hausmütter auf mich: unübertreffliche komische Alten, die unausgesetzt an den schweren Prunkgewändern ihrer Lieblinge zupfend und zerrend sich alle Mühe gaben, die Dämchen in günstigstem Lichte erscheinen zu lassen.

Auf einmal flüsterte, gerade unter meinem Platz anhaltend, eine Schönheit — ich glaube, es war ‚Frl. berühmter Berg‘ — der besorgten Duenna etwas zu. Schon mehrmals hatte sie krampfhaft mit den Nasenflügeln gezuckt; nun zog die würdige Begleiterin ein Seidenpapier aus dem Ärmel und putzte die Nase ihres Schützlings, denn die festlich Gekleidete mußte ja die Schleppe vor Beschmutzung hüten.

Antlitz und Nacken der Auserwählten waren weiß geschminkt, ihre Frisuren sehr kompliziert. Hinten waren die Haare meist zu einer Mondscheibe geformt, mit Gold- und Silberbändern und großen Schildpattpfeilen besteckt; das Vorderhaupt zierte ein mächtiges Diadem mit vorn überhängendem Flitterwerk, das lustig in der Sonne glitzerte.

Als der Zug vorüber war, folgte ich, um das Volk zu beobachten. Das Benehmen war so musterhaft, wie man es eben nur in Japan finden kann. Man denke sich, wenn es überhaupt die Kulturzustände mit sich bringen könnten, ein ähnliches Fest in irgendeiner Großstadt Europas. Welcher Schwall unflätiger Redensarten, welches Gebrüll und Gejohle wäre da zu hören, welche Orgien würde die Roheit feiern! Hier verhielt sich die Menge ohne Ausnahme so liebenswürdig gegen die armen Festopfer, daß alle Europäer bei diesem Heidenvolke in die Schule gehen könnten. Die Japaner sind gewiß nicht fehlerlos und haben, wie jede Rasse, ihre besonderen Schattenseiten, aber sie sind ein fein organisiertes, vornehmes Volk.

Charakteristisch war das Erscheinen vieler buddhistischer Priester unter der Zuschauermenge, die ihr Interesse für weibliche Schönheit unverhohlen bekundeten, ohne dadurch Anstoß zu erregen.

Der Zug bog in eine Straße, die ins freie Feld führte. Auch hier saßen Tausende und Abertausende unter den blühenden Bäumen auf Matten und verfolgten mit angehaltenem Atem die Vorgänge.

Im letzten Hause verschwanden alle Schönen zu einem gemeinsamen Tee, doch vor dem Blumenwagen am Tor stand noch lange viel Volk und lauschte stillschweigend den Kotoklängen, die durch die Papierwände auf die Straße drangen.

Allmählich verzogen sich die Leute. Mit Kind und Kegel, harmlos und manierlich, wie sie gekommen, eilten sie durch die Felder ihren luftigen Behausungen zu.“ [6])

12. Soziale Stellung der japanischen Frauenwelt. Bewegung gegen die Prostitution.

Nach alledem ist auch in der japanischen Prostitution weder alles in Licht getaucht, noch liegt alles im Schatten. Das Licht, das im Leben der Prostituierten bei den christlichen Völkern zuweilen ganz vermißt wird, soweit es nicht in rohestem Lebensgenuß gesucht werden kann, tritt in Japan stärker hervor. Sicher hat dies dazu beigetragen, die Abendunterhaltung mit Geischas, die heute größtenteils kaum noch von den eigentlichen Prostituierten zu unterscheiden sein sollen, zum Inbegriff der Seligkeit für die japanischen Männer zu machen, von denen häufig behauptet wird, daß sie, falls ihnen die nötigen Mittel fehlen, betrügen und schwindeln, um sich nur diesen himmlischen Genuß zu verschaffen. Daß die Behandlung der Prostitutionsfrage in Japan auch ihre gute Seite hat, ergibt sich schon aus der Tatsache, daß Frauen und Mädchen auf der Straße niemals belästigt werden — außer wenn man sie mit einem Weißen trifft. Andererseits ist es in Japan undenkbar, daß ein weibliches Wesen auf der Straße auf Abenteuer ausgeht. So scheint es fast, als wenn die japanische Frauenwelt an sich auf keiner niedrigen moralischen Stufe steht. Darauf deutet auch die alte japanische Sitte hin, die das gemeinschaftliche Baden beider Geschlechter in großen Becken mit heißem Wasser noch immer gestattet. Auf dem Lande war es bis vor wenigen Jahren allgemein, noch heute ist es nicht verschwunden; nur hat man in den

[6]) Adolf Fischer: Bilder aus Japan. Berlin 1897, Georg Bondi, S. 168 ff.

Städten die Becken für Männer und Frauen durch eine Bretterwand geteilt. Merkwürdigerweise herrscht in der Bedienung der Badenden die umgekehrte Sitte wie in Europa: in Japan werden die Frauen und Mädchen von Männern bedient, die ihnen den Rücken waschen oder sonstige Handreichungen tun.

Daß die Prostitution in Japan nicht noch schlimmere Formen angenommen hat, könnte in einem Lande Verwunderung erregen, in welchem die soziale Stellung der Frauenwelt niedriger ist als in Westeuropa. Der Japaner wünscht, nach außen hin stets Junggeselle zu bleiben. Man darf ihn nicht daran erinnern, daß er verheiratet ist. Es widerspricht dem guten Ton auf das schärfste, ihn nach dem Befinden seiner Frau oder überhaupt nach der letzteren zu fragen. Zumal der Europäer wird die japanische Hausfrau in der Regel niemals zu Gesicht bekommen. Auch seiner eigenen Frau gegenüber betrachtet sich der Japaner sexuell als völlig ungebunden. Er bleibt nächtelang von Hause fort, ohne zu gestatten, daß ihm darüber auch nur eine Frage gestellt wird. Die Extreme berühren sich: die höchste Zahl der Ehescheidungen wird auf der einen Seite in Japan erreicht, wo die soziale Stellung der Frau unentwickelt ist, und auf der anderen in den Vereinigten Staaten, wo man sich zu einem Frauenkultus emporgeschraubt hat, der ebenfalls bedenkliche Erscheinungen zeitigt.

In den letzten Jahren ist dennoch in Japan selbst eine Bewegung gegen die Prostitution emporgekommen. Der Brand des Joschiwara hat dazu beigetragen, obwohl die öffentliche Meinung des Landes über die Meinung der japanischen Christen lächelte, die in diesem Ereignis eine von Gott gesandte Gelegenheit sah, der ganzen Einrichtung ein Ende zu machen, ja, die das Zugrundegehen des Liebesviertels auf ein „heiliges Feuer" zurückführten, das Gott vom Himmel gesandt habe, um diese Sünde auszurotten. Aber auch nichtchristliche Kreise traten damals für Aufhebung des Joschiwara ein. Insbesondere hat eine Japanerin, die sich für die Hebung des Bildungswesens lebhaft interessiert, begeistert und tatkräftig die Ansicht verfochten, das Joschiwara mit seinen früheren Einrichtungen dürfe nicht wieder aufgebaut werden. Sie fand Zustimmung in allen Kreisen des Volkes, so daß die Abolitionsbewegung in letzter Zeit größeren Umfang angenommen hat. Unter dem Protektorat des Grafen Okuma wurde eine besondere Zeitschrift, die „Kaku-sei" (zu deutsch „Reform") begründet, um für Abschaffung der Prostitution einzutreten. Die erste Nummer enthielt einen Aufsatz des Grafen, in welchem er schreibt:

„Lincoln sprach die Emanzipation der Sklaven aus, weil er die Sklaverei als die größte Sünde betrachtete, die jemals von der Menschheit begangen worden war. Es war derselbe Glaube, der unsere Regierung dazu veranlaßte, schon im Jahre 1872 eine Verordnung zu erlassen, die erklärt, daß die unglücklichen Frauen, die wider ihren Willen von ihren Herren festgehalten würden, freigelassen werden sollten. Hätte man diese Verordnung buchstäblich ausgeführt, so würden die Stadtteile der Prostitution in Tokio und ebenso in allen anderen Teilen des Landes schon lange der Vergangenheit angehören. Indessen müssen die praktischen Schwierigkeiten, auf die man bei der Ausführung der Verordnung stieß, den Behörden als unübersteigbar erschienen sein, so daß man es zuließ, daß jene Verordnung in Vergessenheit geriet. Aber sie ist eigentlich noch immer bindend, da man nie etwas davon gehört hat, daß der Staatsrat sie widerrufen hätte. Infolgedessen brauchen wir für die Abschaffung der Prostitutionsquartiere keine neuen Gesetze; es ist nur notwendig, jene alte Verordnung aus der Vergessenheit wieder hervorzuholen und die Behörden zu ihrer Durchführung zu veranlassen."

Graf Okuma führte noch einen weiteren Grund an, der für die Bewegung spreche. Er meinte, daß die Formen, in denen sich die japanische Prostitution bewegt, dem kaiserlichen Edikt des Jahres 1905 direkt widersprechen. Diese Verfügung prägte den Erziehungsbehörden als eine ihrer obersten Pflichten ein, für die moralische Heranbildung des heranwachsenden Geschlechts zu sorgen. Nun lehrt man zwar die Knaben und Mädchen in Japan in allen öffentlichen Schulen, die Tugenden und moralischen Eigenschaften in Ehren zu halten, die sie auf eine hohe ethische Stufe heben können. „Aber", fragt Graf Okuma, „wie können wir erwarten, daß sie zu moralisch und edel denkenden Menschen aufwachsen, wenn wir unmittelbar vor ihre Augen ein Beispiel schmachvoller Unsittlichkeit setzen, dadurch, daß wir eine unedle Einrichtung aufrechterhalten?"

Ein anderer Führer dieser Bewegung, Professor Abe, wies auf das Beispiel der Abschaffung der Sklaverei in den Vereinigten Staaten hin. Er meinte, man sei sich damals völlig bewußt gewesen, daß die Befreiung der Neger auf die Baumwollpflanzungen der Südstaaten unheilvollen Einfluß ausüben müßte. Dennoch habe man nicht gezögert, jene von der Menschlichkeit gebotene Erklärung zu erlassen, durch welche die Sklaverei aufgehoben wurde, obwohl dazu die Hilfe der Waffen erforderlich gewesen sei. So sei auch die Frage der autorisierten Prostitution ganz wie die der Sklaverei eine Frage der Menschlichkeit und sollte als solche behandelt werden — „ohne Rücksicht auf die Wirkungen, die ihre Abschaffung auf die öffentliche Gesundheit oder auf die moralische Verfassung der Gesellschaft ausüben" könne. Diese sehr weitgehende — zum Teil wohl zu weit gehende — Ansicht wurde von Professor Abe mit allem Nachdruck vertreten: „Man hat behauptet, daß die Abschaffung der autorisierten Prostitution die Folge der Verbreitung schlimmer Krankheiten habe, und daß sie andererseits keineswegs dazu beitragen würde, den moralischen Ton der Massen des Volkes zu heben, so lange nun einmal die menschliche Natur nicht wesentliche Änderungen durchmache. Wir sind uns der Möglichkeit solcher Folgen wohl bewußt, aber das sind Fragen, mit deren Lösung wir uns erst zu beschäftigen haben, nachdem die Emanzipation der unglücklichen Frauen erfolgt ist, die in jenen Vierteln der japanischen Städte festgehalten werden."

13. Die Geischa als „Ruin des Landes".

Neue Nahrung erhielt die Bewegung, als 1913 Professor Hiranuma von der Waseda-Universität in der Zeitschrift „Schin Nihon" (Neu-Japan) einen Aufsatz unter dem Titel „Die Geischa, der Ruin des Landes" veröffentlichte, der in der japanischen Presse eifrig besprochen wurde. Er gab an, daß in Tokio allein 5000 Geischas lebten, die alles, was nur Stellung oder Geld habe, vom Ladenjungen bis zum Staatsminister, an sich lockten und ihnen das Blut aussaugten. Ist doch die Habgier auch der Geischas so allbekannt, daß ein Sprichwort von ihnen in Kioto behauptet: sie ließen keinen eher gehen, bevor er nackt sei. Professor Hiranuma schreibt dem Geischa-Unwesen die weitestgehenden Folgen zu. Tatsächlich kommt ohne sie und ohne die sogenannten Gelegenheitshäuser (Matschiai), in denen auf Verlangen Geischas zu geselligen Zusammenkünften bestellt werden und die sich nach den Angaben dieses Gelehrten von den Besitzern von Bordellen kaum noch unterscheiden, kein größeres Geschäft oder Unternehmen zustande. Dies gilt sowohl für die Unterhandlungen zwischen Japanern, wie für die zwischen ihnen und Ausländern. Besonders arg soll sich die Unsitte für den Abschluß von Geschäften mit der Regierung eingebürgert haben, die in den Gelegenheitshäusern eingeleitet, fortgeführt und abgeschlossen werden, so daß nur die formelle Unterzeichnung schließlich in Ministerien oder Regierungsämtern stattfindet.

Die legitimen jährlichen Einnahmen jeder Geischa werden durchschnittlich auf 3000 Jen (mehr als 12000 Mark) berechnet, ihre Ausgaben auf 3800 Jen, so daß sie in der Sklaverei der Besitzer der Häuser bleiben, in denen sie untergebracht sind. Sie sollen sich ihrerseits gern Schauspieler als Geliebte halten oder kaufen. Zuweilen werden sie von ihrem Liebhaber den Häusern abgekauft, so daß sie die Freiheit vorübergehend oder dauernd wiedererhalten. Auch manche Geischa ist auf der sozialen Stufenleiter emporgestiegen, indem sie in den Adel, selbst in den Hochadel hineinheiratete. Es gibt manch eine Gräfin oder selbst Fürstin, die aus diesem Stande hervorgegangen ist. Zeichnen sich doch viele Geischas noch immer durch besondere Anmut und durch meisterhafte Handhabung aller der Künste aus, durch die sich das Herz der Männer gewinnen läßt.

Schon in zartem Alter werden sie in die Häuser gegeben oder verkauft, in denen sie zu ihrem Beruf herangebildet werden. Früher soll dieser ausschließlich oder vorwiegend darin bestanden haben, als Sängerinnen oder Tänzerinnen die Besucher zu erfreuen, die Unterhaltung mit ihrem Geist und Witz anzuregen und zu beleben, kurzum ein verfeinertes Vergnügungsleben zu gewähren, und dem Manne die Möglichkeit zu geselligem Verkehr zu geben, die ihm zu Hause bei der verhältnismäßig strengen Abschließung der Frauenwelt nicht möglich war. In den letzten Jahrzehnten sind aber die Geischas offenbar mehr und mehr zu Prostituierten geworden. Darauf deutet auch die Tatsache hin, daß die Gelegenheitshäuser, in denen man Geischas bestellen kann, in außerordentlicher Weise zugenommen haben. 1898 betrug ihre Zahl in Tokio erst 422, 10 Jahre später 883. 1898 lebten 2646 Geischas in Tokio, 1908 waren es 3938, 1913 schätzte Hiranuma ihre Zahl auf 5000. In diesen Ziffern sind die Vorstädte nicht mitgerechnet, so daß die Gesamtzahl für Tokio um ein Drittel höher zu schätzen sei. Von

1898 bis 1908 stieg gleichzeitig die Zahl der öffentlichen Häuser von 278 mit 4555 Mädchen auf 389 mit 5102 Insassinnen.

Bei größeren Diebstählen oder Betrügereien kann die Polizei Diebe und Betrüger sehr häufig in Begleitung von Geischas festnehmen. Der zeitweilige Besitz dieser Mädchen soll häufig das Hauptmotiv der Entgleisung sein.

Es wäre jedoch falsch anzunehmen, daß die öffentliche Meinung in Japan die Angriffe Hiranumas gegen das Geischawesen billigte. Für den Durchschnitts-Japaner hat letzteres so großen Reiz, daß er nichts darauf kommen läßt, auch wenn er einige Schattenseiten zugibt[1]. So hat Professor Nitobe, einer der bekanntesten japanischen Gelehrten, der mit einer Weißen verheiratet ist und Europa sowie Amerika lange bereist hat, die heimischen Sitten im Vergleich zu denen der weißen Völker herausgestrichen, indem er das vernichtende Urteil abgab: „Ich stimme mit dem persischen Fürsten überein, der in einem Londoner Ballsaal auf die Aufforderung, an dem Tanzvergnügen teilzunehmen, kurz erwiderte, man habe in seinem Lande eine besondere Art von Mädchen für dieses Geschäft."

14. Mädchenhandel und Hungersnot.

Eine der bedenklichsten Seiten im Geischawesen ist wohl der Mädchenhandel, der noch immer häufig damit verquickt ist. Da in Japan wie in China das einzelne Familienglied, ausgenommen das Haupt der Familie, völlig hinter dem Ganzen zurücktreten muß, so gilt es als Pflicht, sich für die Familie zu opfern, während andererseits der Verkauf von Familienangehörigen den herrschenden Sitten mindestens nicht widerspricht. So hat es sich oft ereignet, daß junge Mädchen nicht nur mit Einwilligung ihrer Familien, sondern selbst mit Zustimmung ihrer Bewerber sich einem Leben hingaben, das darauf berechnet war, sich als Geischa oder Prostituierte die Ausstattung für die künftige Heirat zu erwerben; eine Sitte, die bekanntlich auch bei anderen Völkern zu finden ist.

Chinesen und Japaner, die keine Gelegenheit hatten, die Sitten der weißen Völker in deren eigenen Ländern zu beobachten, haben kein Verständnis für das Verhalten der Frauen in diesen Ländern. So schrieb der chinesische Minister Ki-Jing, der während des englisch-französischen Krieges (1856 bis 1860) eine Zeitlang die Verhandlungen mit den fremden Gesandten leitete: „Der amerikanische Barbar Parker und der französische Barbar Lagrené brachten ihre Frauen mit, welche gegenwärtig blieben, als wir amtliche Geschäfte verhandelten. Ja diese barbarischen Weiber haben meine Begrüßung für eine große Ehre aufgenommen." Auch ist nicht zu vergessen, daß den chinesischen Ärzten nicht gestattet ist, den Körper einer kranken Frau zu untersuchen. Es darf nur der Puls gefühlt werden, ganz gleichgültig, welche Krankheit oder Verletzung vorliegt, und nach dem Puls muß über das einzuschlagende Ver-

[1]) Über das Leben der Prostituierten und der Geischas in Japan gibt Auskunft z. B. das Buch von Felix Baumann: Japanermädel. Berlin - Großlichterfelde o. J. Dr. T. Langenscheidt. 296 Seiten. Auf der letzten Seite ist weitere Literatur angegeben.

fahren entschieden werden. Aber dies gilt auch für die Untersuchung der männlichen Kranken; das chinesische Heilwesen ist bis heute aus dem gröbsten Aberglauben noch nicht herausgekommen[1]. Wie weit dies auf die von der Sitte verbotene Untersuchung des weiblichen Körpers zurückzuführen ist, entzieht sich meiner Kenntnis — ein Zusammenhang besteht aber jedenfalls. — Japanische Zeitungen pflegen noch heute Fälle zu berichten, in denen arbeitsscheue Gesellen ihre Frauen auf bestimmte Zeit an öffentliche Häuser verpfänden, um mit dem Erlös ein Leben herrlich und in Freuden zu führen. Nicht selten wird das so gewonnene Geld wiederum mit Geischas vertan, die nun einmal mit ihrem Lächeln, mit ihrer Haartracht, mit ihrer anmutigen Gewandung, ihrem Singsang und Schamisen-Geklimper, ihrem Witz und ihrer Heiterkeit einen unwiderstehlichen Reiz auf die meisten Japaner ausüben.

Die Neigung, weibliche Angehörige zu verkaufen, hat die schlimmsten Folgen, sobald eine Hungersnot über einen Teil Japans hereinbricht. So wurden 1903 die Provinzen Aomori und Hokkaido durch eine vollständige Mißernte und die Ertraglosigkeit der Fischerei in so schreckliches Elend gebracht, daß viele Eltern ihre Töchter an Mädchenhändler verkauften. Täglich kamen damals in Tokio Trupps von Mädchen an, die in das Liebesviertel abgeliefert wurden oder zum Verkauf ins Ausland bestimmt waren. Erst als die Regierung 6 Millionen Jen (mehr als 12 Millionen Mark) für Unterstützungen auswarf, minderte sich das Übel.

15. Japanische Prostituierte im Ausland. Ihre Dienste als Spioninnen.

Bei dem großen Umfang, den die verschiedenen Formen der Prostitution in Japan besitzen, kann es nicht wundernehmen, daß sich auch im Ausland zahlreiche japanische Prostituierte befinden. In der Tat ist die japanische Auswanderung nach manchen Ländern ohne Prostituierte gar nicht denkbar.

Vor allem richtet sie sich in die ostasiatischen Hafenstädte. Sie ist hier namentlich durch den Bedarf der männlichen weißen Bevölkerung genährt worden. Auch in Japan selbst gibt es ein Herumstreichen der Freudenmädchen nur in den Hafenstädten,

[1] Übrigens erlaubt die chinesische Sitte nicht, einen Kranken ohne besondere Aufforderung zum zweiten Male aufzusuchen. Bessert sich sein Zustand nach Anwendung der von dem ersten Arzt verordneten Heilmittel nicht, so zieht man nicht etwa denselben Arzt abermals zu Rate, sondern holt einen zweiten Heilkünstler. Siehe über die chinesischen Ärzte den Vortrag des Marinestabsarztes Dr. zur Verth in dem Rohrbachschen Sammelheft „Deutsche Kulturaufgaben in China" (Berlin-Schöneberg 1910, Buchverlag der Hilfe, S. 70—97). zur Verth meint: „Ein großer Teil der chinesischen Heilkünstler dürfte die ärgsten Quacksalber oder Haarbeschauer Deutschlands noch in den Schatten stellen. Weder eine Spezialausbildung, noch ein Befähigungsnachweis wird von ihnen verlangt. Meist lernen sie nur von einem Meister mit großem Zulauf einige Technizismen und die Methode, wie die Menge sich am besten täuschen und schröpfen läßt. Andere schöpfen ihre ganze Weisheit aus medizinischen Büchern, oder verlassen die Arzneitöpfe und Pillenmaschinen, denen sie bis dahin dienten, um sich als Vertreter einer der ärztlichen elf Spezialwissenschaften zu etablieren." (A. a. O. S. 79.)

und zwar auch hier lediglich in den europäischen Niederlassungen, in der unmittelbaren Umgebung der Matrosenschenken.

Von den ins Ausland gehenden Japanerinnen kann wohl zum erheblichen Teil angenommen werden, daß sie der Prostitution zu dienen bestimmt sind. Die in fremden Ländern lebenden Japaner verteilten sich 1909 folgendermaßen auf die beiden Geschlechter[1]:

Es lebten Japaner	1909	Männer	Frauen
in den Vereinigten Staaten	142469	114382	28087
davon in Hawai	65760	44617	21143
im Konsularbezirk San Franzisko	53361	48590	4771
in China	81279	46260	35019
„ Kanada	8854	7717	1137
„ Peru	4560	4337	223
„ Australien	3960	3791	169
„ Colombo, Hongkong, Singapore	3464	1173	2291
„ Russisch-Asien	3600	1808	1792
„ Mexiko	2465	2327	138
„ den Philippinen	2156	1686	470
„ Niederländisch-Indien	781	344	436
„ Ostindien	780	242	539
„ Brasilien	605	474	131
„ Siam	184	123	61
„ Chile	145	142	3
„ Argentinien	27	27	—
Der Rest verteilt sich auf alle übrigen Länder.			
Insgesamt	256434	185788	70646

In drei fremden Ländern also befinden sich mehr als je 10000 Japanerinnen: in den Vereinigten Staaten, in Hawaii und in China. In Hawaii sind es vorwiegend die weiblichen Angehörigen von Arbeitern. Gleiches gilt für einen großen Teil der Japanerinnen in China und in den Vereinigten Staaten, wenn auch unter ihnen eine nicht ganz kleine Zahl von Prostituierten zu finden ist. Unter den Bordellen Nordamerikas pflegt es besondere Häuser zu geben, die nur Japanerinnen enthalten. Meines Wissens sind sie östlich mindestens bis nach Chikago zu finden.

Verhältnismäßig die meisten japanischen Prostituierten im Ausland sind aber in Colombo, Hongkong, Singapore, Russisch-Asien, Niederländisch-Indien, Ostindien und Siam zu finden. Auch Grünfeld weist besonders auf diese Tatsache hin, die in der Statistik ungemein klar darin zum Ausdruck kommt, daß die Zahl der japanischen Frauen dort der männlichen Ziffer entweder gleichkommt, oder sie gar übersteigt. Fast könnte man versucht sein, hier von japanischen Prostitutions-Kolonien zu sprechen, da offenbar auch ein erheblicher Teil der Männer dort aus dem Gewerbe ihrer Landsmänninnen Nutzen zieht. Der ganze Schwarm von mehr oder weniger anrüchigen Gesellen, die als Schmarotzer von den

[1]) Dr. Ernst Grünfeld: Die japanische Auswanderung, Tokio 1913, Hobunsha, S. 16.

Prostituierten zu leben pflegen, ist dort in reicher Zahl zu finden. In einigen Ländern, wie z. B. auch in Russisch-Asien, wird dies von den ausländischen Beobachtern besonders hervorgehoben.

Auch in Singapore scheinen die Dinge arg zu liegen. 1913 veröffentlichte gleichzeitig mit den Angriffen Hiranumas gegen das Geischawesen die „Jiji Schimpo", eine der größten und angesehensten japanischen Zeitungen, die schon vorher die Prostitutionsfrage aufgerollt hatte, und gleichzeitig der einflußreiche „Konkumin" einen Protest gegen die weitere Ausfuhr japanischer Prostituierter nach Singapore und den Malayenstaaten. Er ging auf Beschwerden zurück, die an den anglikanischen Bischof Cecil in Tokio gerichtet worden waren. Danach sollten in jenen Gebieten nur 674 Japaner, aber 3384 Japanerinnen leben; von den ersteren sollten nur wenige einem ehrlichen Beruf obliegen, während die letzteren fast ausschließlich Prostituierte seien. Deshalb wurde der Wunsch ausgesprochen, die englische und japanische Regierung möchten ein Abkommen treffen, daß in Zukunft nur anständigen Japanerinnen gestattet würde, dorthin auszuwandern. Die Zahl der verrufenen Häuser in den Malayenstaaten und in Singapore mehre sich beständig, die Jugend dieser Länder werde körperlich verseucht und moralisch zugrunde gerichtet. Die Methodistenkonferenz, die im Februar 1913 in Singapore tagte, forderte, die Kirche sollte ihren Einfluß gegen diese Zustände geltend machen, und die Regierung müßte gegen den Mädchenhandel kräftig vorgehen.

Früher waren ähnliche Beschwerden aus der Mandschurei lautgeworden.

In der Tat bilden die Prostituierten unter den japanischen Auswanderinnen einen sehr großen Prozentsatz. Zu der japanischen Gesamtauswanderung trägt das weibliche Geschlecht den Satz von 27,55 Proz. bei, der als recht erheblich bezeichnet werden muß, wenn man berücksichtigt, daß sie sich von der vieler weißen Völker dadurch scharf abhebt, daß sie nicht auf eine dauernde Besiedelung überseeischer Länder hinzielt. Bis zum Beginn des neuesten Zeitraums der japanischen Geschichte, der mit der Beseitigung der mittelalterlichen Feudalschranken im Jahre 1867 eintrat, von denen das japanische Leben bis dahin politisch, wirtschaftlich und geistig gebunden war, hatten die Landeskinder $2^1/_2$ Jahrhunderte überhaupt nicht auswandern dürfen, da infolge der üblen Erfahrungen, die man mit den ins Land kommenden Europäern gemacht hatte, die Tokugawa-Schogune das ostasiatische Inselreich völlig gegen das Ausland abzuschließen versucht hatten. Im Jahre 1634 erließ der Schogun Ijemitsu eine Verordnung, die allen Japanern verbot, ins Ausland zu fahren, und auf dieses Verbrechen die Todesstrafe setzte. Gleichzeitig wurde die japanische Schiffahrt absichtlich verkrüppelt, indem alle Schiffe mit mehr als 50 Tonnen verboten und nur kleinere mit nur einem Mast und ohne Kiel geduldet wurden, die man zur Aufrechterhaltung der Küstenschiffahrt nicht entbehren konnte. Trotz allen Theorien, die in der ganzen Welt von der Übervölkerung Japans umlaufen und damit begründen wollen, daß dieses Land eine starke Auswanderung entwickeln müsse, ist von einer solchen bis zur Mitte des 19. Jahrhunderts nicht die Rede gewesen. Nennenswerte Ziffern hat die japanische Auswanderung erst seit der Mitte der 90er Jahre erreicht. Auch dann floß dieser Menschenstrom nicht etwa aus den bevölkertsten Teilen Japans, sondern aus einigen wenigen Küstengegenden, in denen sich die überseeische Schiffahrt stärker entwickelt hatte.

Alles, was die Auswanderung betrifft, von dem Paßzwang an bis zu der Bestimmung der Zahl der Auswanderer auf jedem Schiffe und der Länder, in die sie gebracht werden dürfen, hat sich die Regierung vorbehalten. In keinem Lande der Welt ist die Auswanderung so straff vom Staate selbst organisiert und so fest in seiner Hand geblieben. Wir erfahren darüber nicht alles, aber selbst das, was allgemein bekannt ist, beweist auf das deutlichste, daß die japanische Regierung mit der straffen Handhabung des Auswanderungswesens zwei verschiedene Zwecke verfolgt: die Auswanderer in ihrem eigenen Interesse nicht aus den Augen zu lassen, so daß sie im fremden Lande nicht in solche Not kommen können, die ihnen etwa den Rückweg unmöglich machte — und gleichzeitig den Auswandererstrom so zu lenken, daß er den staatlichen Machtzwecken Japans am sichersten dient. Der letztere Zweck steht offenbar im Vordergrund und wird zum großen Teil erreicht. Damit ist nicht gesagt, daß hierfür militärische Gründe maßgebend seien, wenn diese auch für einige Ziellländer der japanischen Auswanderung im Vordergrund stehen mögen.

Ferner sprechen auch wirtschaftliche Gründe mit, die dem Wunsche dienen sollen, die Handelsbilanz zu verbessern. Japan hat sich, indem es mit beiden Füßen in das technische und militärische Leben der weißen Völker hineinsprang und so seit mehr als 20 Jahren eine ausgesprochene Machtpolitik entfaltete, mit Schulden in einem Maße überladen, daß ihm die Verzinsung Sorge macht. Den Steuerdruck kann es nicht gut noch weiter erhöhen; auch ist seine Exportindustrie noch zu wenig kräftig, als daß sie alle die Summen einbringen sollte, die das Land zur Verbesserung seiner Zahlungsbilanz braucht. Aus diesem Grunde förderte die Regierung die Auswanderung ihrer Landeskinder in bestimmte Gebiete, in denen sie Aussicht auf guten Verdienst haben. An der Mitnahme verheirateter Frauen ist ihr deshalb sehr wenig gelegen: sie wünscht, daß die Auswanderer, soweit sie sich nicht in die ganz unter japanischem Einfluß oder schon unter japanischer Herrschaft stehenden Gebiete Asiens richtet, wieder zurückkehren und das im fremden Land erworbene Geld in der Heimat verzehren.

Unter diesem Sehpunkt muß die Zahl der japanischen Auswanderinnen betrachtet werden. Nur in Hawaii und China befindet sich darunter eine größere Zahl von Ehefrauen. In bestimmten anderen Richtungsländern der japanischen Auswanderung dagegen liegen die Japanerinnen zum großen oder gar zum größten Teil der Prostitution ob: so in den englischen Kolonien Ostasiens, in Schanghai und Niederländisch-Indien, in Siam und in Russisch-Asien. Die Auswanderinnen, die hierhin gehen, verteilen sich hauptsächlich auf die Gewerbe Geischa, Prostituierte und dergleichen sonstige Berufe, in geringerem Umfang auf Speisehäuser und häusliche Dienstleistungen. Auch Grünfeld weist auf diese Tatsache ausdrücklich hin: „Es ist eine in Ostasien bekannte Tatsache, daß Japanerinnen auf der ganzen Westküste des Stillen Ozeans und bis nach Aden zu finden sind, und das hat seine Gründe nicht nur in einem seit alters blühenden Mädchenhandel, der in einigen westlichen Provinzen Japans seine nicht immer unfreiwilligen Opfer fordert und gegenwärtig seine Hauptsitze in Hongkong und Dalny zu haben scheint, sondern auch in der großen Anziehungskraft, die die Japanerinnen auch auf Europäer ausüben.“ [2])

Viele von diesen Mädchen sollen später in die Heimat zurückkehren und den Weg zum bürgerlichen Leben wiederfinden. Bis dahin haben sie, soweit sie nicht etwa ihre Einnahmen in einem Leben tollster Verschwendung sogleich fortwerfen, den einen Hauptzweck erfüllt, dem sie dienen sollen: sie haben die japanische Handelsbilanz verbessert, indem sie Geld im Ausland erwarben und nach Hause schickten.

Aber sie dienen gleichzeitig noch einer anderen Aufgabe, die für den japanischen Staat nicht minder wichtig ist: sie spionieren. Die japanische Spionage steht wenn nicht in ihrer Skrupellosigkeit, so doch in ihrer Organisation und Ausbreitung einzig da. Im russisch-japanischen Kriege hat sie Wunderdinge geleistet. Selbst im Kriege waren japanische Freudenmädchen und Geischas bis hinter die russische Front tätig, und in den Monaten, die ihm voraufgingen, haben die russischen Offiziere in japanischen Bordellen nicht nur ungeheure Geldsummen, sondern auch wichtige Geheimnisse verloren. Mit einer Geschicklichkeit sondergleichen wurden ihnen Mitteilungen über Truppenstellungen, Aufmarschpläne, Bewaffnung, Organisation und alles mögliche andere von diesen freundlich lächelnden Liebeskünstlerinnen entlockt, scheinbar ohne daß diese wirkliches Interesse an solchen Mitteilungen nahmen. Eine ganze Armee japanischer Frauen, die mit ihrem Körper dem Vaterland dienten, hat sich in jenen Jahren über Russisch-Asien und die angrenzenden Gebiete ergossen und für die Vorbereitung und Weiterführung des Krieges gegen das Zarenreich vortreffliche Dienste geleistet [3]).

Ebenso wie den Hafenstädten von Wladiwostock bis Suez hat die japanische Auswanderung den russischen und chinesischen Garnisonen Ostasiens unbedenklich ihre „erotischen Gärten“ geliefert. Diese zahllosen Teehäuser und Blumenboote, von der feinsten bis zur gemeinsten Stufe, haben ihre doppelte Aufgabe vortrefflich erreicht. Einer der besten deutschen Kenner Ostasiens, Dr. Alfons Paquet, faßt sein Urteil dahin zusammen: „Wie in Amerika, so versprechen sie in China so gut wie in Indien noch mancherlei Überraschungen. Indem die Regierung

---

[2]) Grünfeld S. 17.

[3]) Ein Deutscher, der diese Verhältnisse aus eigener Anschauung kennen lernte, Baron Eugen von Krieglstein, hat in einer Erzählung seines Buches „Zwischen Gelb und Weiß“ (Berlin o. J., Vita) die überaus geschickte Spionage einer Japanerin in Verbindung mit ihrem Bruder, einem verkappten Offizier, geschildert. Es ist auffallend, wie wenig im übrigen die erzählende Literatur der weißen Völker aus diesem an Sensationen reichen Gebiete bisher gemacht hat.

vor jedem Auswanderertransport die Zahl der mitzunehmenden Frauen festsetzt, zeigt sie ihr volles Verständnis für die Bedeutung des weiblichen Elementes in der Auswanderung. Was kein weißer Staat je wagen würde, das tut die japanische Regierung, von kleinlichen Skrupeln unbehindert: auch die Prostituierten sind ihr gut genug für den ‚Ehrendienst für das Vaterland'. Eine Auffassung übrigens, ebenso konsequent wie human." [4])

16. Asiatisch-europäischer Handel mit Sklavinnen im Mittelalter. Venedig und Florenz als Stapelplätze gelber Menschenware.

Zu erwähnen bleibt noch die Gefahr des Raubes von Frauen, um sie in fremde Sklaverei zu bringen. Solange die Sklaverei als gesetzmäßige oder doch geduldete Einrichtung herrschte, blühte der Handel mit Sklaven und Sklavinnen nicht nur zwischen den Völkern, auch zwischen den verschiedenfarbigen Rassen. Soweit dafür geschlechtliche Motive in Betracht kamen, wird die Anziehung des Absonderlichen eine treibende Kraft gewesen sein.

Der Mädchenhandel zwischen Asien und Europa und auf dem umgekehrten Wege nahm im Mittelalter bedeutenden Aufschwung. Wahrscheinlich werden wir einen doppelten Grund dafür zu suchen haben: den sexuellen Trieb zum Fremdartigen, und die Leichtigkeit, Menschenware aus fremden Ländern zu erhalten. So entwirft der Araber Ibn Khordadbeh, der in höherem Alter am Hofe des Kalifen Motamid (870—892) lebte, in seinem „Buch der Straßen und Länder" neben der trockenen Aufzeichnung des Steuerertrages der einzelnen Provinzen, der Stationen und ihrer Entfernungen, doch auch ein lehrreiches Bild von der weiten Verzweigung des Handels der jüdischen Kaufleute. Er berichtet, daß diese aus den westlichen Mittelmeerhäfen Sklavinnen, Eunuchen und gewerbliche Erzeugnisse nach Osten schafften. Sie gingen bei Pelusium über die Landenge von Suez und setzten im Roten Meere ihre Seereise nach Djidda, Indien und China fort. Zahlreicher Sprachen mächtig (des Persischen, des Romanischen, das eine Mischung zwischen Griechisch und Lateinisch war, des Arabischen, Spanischen, Slavischen und der Lingua franca), waren sie für den Handelsverkehr zwischen den zahlreichen Völkern, die sie besuchten, recht geeignet. Vom Osten pflegten sie Moschus, Aloe, Kampfer, Zimt und andere Dinge nach Westen zu bringen. Außer dieser Seestraße benutzten sie auch andere Welthandelswege, deren einer über Antiochia, Bagdad, Bassora und von dort zur See weiter führte, ein anderer zu Lande von Tanger aus durch ganz Nordafrika nach Ägypten und wiederum zu Lande weiter nach Damaskus, Bagdad und Bassora, oder endlich am Südende des Kaspischen Meeres vorbei zu Lande nach China [1]).

Es ist bezeichnend, daß Ibn Khordadbeh nur von Sklavinnen und Eunuchen spricht, nicht dagegen von Sklaven. Es handelt sich

[4]) Dr. Alfons Paquet: Asiatische Reibungen. München 1909, S. 84.
[1]) Ferdinand Freiherr von Richthofen: China. Berlin 1877, Bd. 1, S. 558 f.

also offenbar lediglich um einen Menschenhandel, der geschlechtlichen Bedürfnissen diente. Auf dem umgekehrten Wege sind dagegen bis weit ins Mittelalter hinein auch männliche Sklaven nach Europa gebracht worden, wenngleich auch hier die weibliche Ware die erste Rolle spielte. Namentlich die Kreuzzüge regten zur Verschleppung von Menschen und zum Sklavenhandel an. Die erbitterten Kämpfe zwischen Mohammedanern und Christen, die sich in den nächsten Jahrhunderten zum nicht geringen Teil zur See in der Form der Piraterie abspielten, brachten dem Sklavenhandel neue Nahrung.

Ein Hauptplatz des europäischen Sklavenmarktes war damals Venedig. Aber auch in Genua und später in Florenz wurden häufig Sklaven verkauft. Die Seeräuber, die im Mittelländischen und im Schwarzen Meere die Küsten der mohammedanischen Länder überfielen, auch Griechenland und Kleinasien jedoch nicht verschonten, schleppten alljährlich Tausende von Menschen in die Sklaverei. Keineswegs waren es nur schwarze, sehr häufig vielmehr auch weiße Menschen, die auf der Piazza in Venedig vor dem Markus-Turm verhandelt wurden. „Kein Vornehmer in Konstantinopel und Griechenland, und kein reicher Bürger einer italienischen Seestadt fand es unchristlich, Haussklaven zu besitzen. Venetianische und genuesische Schiffe brachten junge Sklavinnen massenhaft auf den Markt ihrer Städte. Noch am Ende des 15. Jahrhunderts zählte man in Venedig allein 3000 Sklaven aus Nordafrika und der Tartarei. Auf 10 000 Köpfe berechnete man jährlich die Sklavenausfuhr Venedigs; sie warf dem Staat zur Zeit des Dogen Tommaso Mocenigo (1413 bis 1423) eine Rente von 50 000 Dukaten ab.“ [2])

Sogar der Rat der Republik Florenz beschloß am 8. März 1363, die Einführung von Sklaven und Sklavinnen solle gestattet sein, falls es sich nicht um Christen handle. Man machte einander mit Sklaven Geschenke; nur wenn es zum Sterben kam oder wenn man sich der eigenen Sünden oder der Missetaten seiner Vorfahren erinnerte, schenkte man bisweilen den Leibeigenen die Freiheit. Daß selbst geliebte Frauen lange in Leibeigenschaft bleiben konnten, lehrt die Tatsache, daß Herzog Nerio I. von Athen seiner Geliebten Maria Rendi, der Mutter seines eigenen Sohnes Antonio, die Freiheit und das Recht der Verfügung über ihr Eigentum erst in seinem Testament zuerkannte [3]).

In Venedig scheint in jener Zeit jede bürgerliche Familie, die Anspruch auf Bedienung erhob, Sklaven beschäftigt zu haben. Indessen würde der venezianische Bedarf die gewaltige Ziffer von 10 000 jährlich eingeführten Sklaven nicht aufgenommen haben. Diese Zahl ist weit größer, als sie den Verhältnissen mittelalterlicher Städte entspricht. Sind diese doch bis ins 15. Jahrhundert hinein äußerst selten über eine Kopfzahl von 20 000 Einwohnern gestiegen;

---

[2]) Ferdinand Gregorovius: Geschichte der Stadt Athen im Mittelalter. Stuttgart 1889, Cotta, Bd. 2, S. 305 f.

[3]) Gregorovius Bd. 2, S. 307.

nur die allergrößten brachten es damals bis auf höchstens 50 000 Seelen.

Vielmehr wurden die Sklaven von Venedig aus weiter nach Florenz, Lucca und Pisa verkauft. Unter dieser Menschenware befanden sich häufig auch Mongolen. In wie hohem Maße dieser Sklavenhandel geschlechtlichen Bedürfnissen zu dienen hatte, ersehen wir etwa aus der Tatsache, daß in einem Register der Stadt Lucca aus dem Beginn des 15. Jahrhunderts die Geburt von 165 Kindern verzeichnet wird, von denen nur 16 von freien Bürgerinnen stammten. 94 andere wurden als von unbekannter Herkunft bezeichnet, die übrigen 55 als die Kinder von Sklaven, meist tatarischen und mongolischen Ursprungs; wie stark die männlichen Sklaven bei dieser Volksvermehrung beteiligt gewesen sein können, wird man sich denken können. Die Einfuhr gelber Menschen muß verhältnismäßig stark gewesen sein. Hat doch Sivi bei seinen umfangreichen Messungen in der Umgegend von Venedig festgestellt, daß dort heute noch viele Menschen von mongolischer Gesichtsbildung und Schädelform leben.

Der mittelalterliche Sklavenhandel hatte sich am stärksten an den Küsten des Asowschen Meeres entwickelt. Namentlich Genuesen, Pisaner und Venezianer waren daran beteiligt. Man handelte besonders mit Tataren, die in der Umgebung der Plätze Kaffa und Tana, an der Küste dieses Meeres, deren große Bedeutung für die Handelsbeziehungen zwischen Morgen- und Abendland bekannt ist, zu finden waren; aber auch mit Tscherkessen und Südrussen, Griechen und Slawoniern. Während die ägyptischen Sultane von hier die Sklaven bezogen, aus denen sie die Mameluckenscharen bildeten, beteiligten sich italienische Seefahrer an dem Sklavenhandel nach ihrer Heimat. Es war ihnen verboten, Christen in muselmännische Sklaverei zu verkaufen; ob das Verbot streng gehalten wurde, mag bezweifelt werden. Auf den Haupt-Sklavenhandelsplätzen in Westeuropa, in Genua und Venedig, befaßte sich eine große Anzahl von Maklern damit.

Am 11. August 1289 hatte ein vom gesamten florentinischen Volke im Parlament bestätigtes Dekret des obersten Magistrats der Republik die persönliche Unfreiheit sämtlicher Klassen der florentinischen Bevölkerung aufgehoben. Am 8. März 1363 aber erklärte die schon erwähnte Verordnung des Rates es für erlaubt, Sklaven und Sklavinnen in das Gebiet der Republik einzuführen, zu halten, zeitweilig zu verleihen, zu verkaufen, zu verschenken und sich ihrer als Knechte und persönliches Eigentum zu bedienen — falls die verkauften Menschen keine Christen und nicht christlichen Glaubens seien. 1366 erließ der oberste Magistrat ein Gesetz, das die Bestimmungen über das Verhältnis zwischen Eigentümern und Sklaven regelte. Traten sie zum Christentum über, so sollte dies keine Veränderung ihrer Stellung bedingen. Das bürgerliche Gesetz stellte also das Recht des Sklavenhalters über die Bestimmung der Kirche, daß mit der Taufe die christliche Freiheit verbunden sei. „Ja der heilige Erzbischof Antonius erklärte im fünfzehnten Jahrhundert, daß Christen Bekenner des mosaischen Glaubens und Heiden kaufen und verkaufen können, unter der Bedingung, daß sie nicht mit ihnen zusammenleben, sowie daß die persönliche Dienstbarkeit durch die Taufe nicht aufgehoben wird." [4]).

17. Entsittlichender Einfluß der Sklaverei.

Männliche Sklaven waren in florentinischen Familien selten, weibliche häufig. Während des Menschenalters von 1366—1397 wurden 339 Sklaven eingeführt, von denen nach dem Register im Staatsarchiv 259 Tatarinnen, 27 Griechinnen, 7 Russinnen, 7 Türkinnen waren, während die übrigen aus Slawonien, Bosnien und Albanien, vom Kaukasus und aus Arabien stammten. „Die Tatarinnen", hieß es in einem Briefe aus dem 15. Jahrhundert, „sind kräftiger und halten mehr aus, die Russinnen sind freundlicher und schöner, die Tscherkessinnen haben robusteres Blut, woran aber überhaupt kein Mangel ist. Im allgemeinen gab man den Tatarinnen den Vorzug. Die meisten kamen aus Genua und Venedig, einige aus Pisa, Neapel und Ancona. Bei den Verkäufen wurden, wie bei anderen Geschäften, gerichtliche Formen strenge bewahrt und wir finden nicht, daß auch im Falle vornehmer Käufer irgendwie Skrupel vorgewaltet hätten. Averardo und Cosimo de' Medici, Folco Portinari und andere der ersten Familien hatten in Venedig, zum Teil auch in Genua ihre Bevollmächtigten, für letzteren war es sein eigener Bruder, und ein Bartolommeo Amici von Genua u. a. treten als mercator sclavarum, venditor sclavarum und Sensale auf, Eigenschaften, in denen sie durch die bestehenden Gesetze geschützt waren. Die Preise waren je nach der Beschaffenheit der Sklavinnen begreiflicherweise sehr verschieden, je nach dem Alter und der Qualität der Ware, denn als Ware wurden die Unglücklichen betrachtet. Von 20 Goldgulden stiegen die Summen in Florenz auf 50, auf 100, ja in einem vereinzelten Falle wurden in Palermo i. J. 1387 800 Goldgulden durch einen Florentiner Kaufmann gezahlt, was freilich als eine Ausnahme wegen uns unbekannter Ursachen dasteht. Die Durchschnittspreise waren für Sklavinnen von 20 bis 25 Jahren 60 bis 70 Goldgulden, für junge Mädchen von etwa 7 Jahren 25 bis 30, soweit das 14. Jahrhundert in Betracht kommt. Im folgenden Jahrhundert stiegen die Preise, namentlich seit der Eroberung Konstantinopels durch die Türken und der Gefährdung, später der Beschränkung der italienischen Handelsbeziehungen, so daß zehnjährige Mädchen bis zu 45 Goldgulden bezahlt wurden. Gewöhnlich war die Dienstbarkeit eine lebenslängliche, sub jugo perpetuae servitutis, doch kommen auch Zeitverkäufe auf acht, zehn oder mehr Jahre vor. Die Körperbeschaffenheit der Sklavinnen wurde bei den Verkäufen genau beschrieben. In den Kontrakten heißt es z. B. von der Sklavin: sana et integra omnibus suis membris tam occultis quam manifestis, dann auch wohl: cum omnibus suis magagnis (Gebrechen); Körperfehler mußten angegeben werden." [1]).

---

[4]) A. v. Reumont: Die orientalischen Sklavinnen in Florenz im 14. und 15. Jahrhundert (Historisches Jahrbuch der Görres-Gesellschaft, München 1886, Bd. 7, S. 51 bis 58) S. 53.

[1]) Reumont S. 53 f.

Reumont glaubt, die Eigenschaften der Sklavinnen wären im Durchschnitt, wenn man die Angaben des Registers zugrunde legt, nicht solche gewesen, die die Sinnlichkeit der Besitzer hätten wecken können. In sehr vielen Fällen seien die Sklavinnen durch Pockennarben entstellt gewesen, oder sie hätten Zeichen oder Schäden im Gesicht gehabt, ihre Züge seien unschön, ihr Teint habe in allen Farbenschattierugen gespielt und sie seien von kleiner Gestalt gewesen. Innerhalb jener 30 Jahre finde sich nur eine einzige, deren Schönheit durch den Zusatz „schiava pulchra" bezeichnet worden sei. Indessen ist dies alles wohl kein Beweis, daß die Sklavinnen nicht zum sehr erheblichen Teil auch sexuellen Zwecken gedient haben. Man wird sie nicht als Haremsdamen behandelt haben, die mit körperlicher Arbeit verschont wurden, aber ebensowenig wird man ihnen gegenüber enthaltsam gewesen sein. Verbotener Umgang mit Sklavinnen oder Verleitung zur Flucht wurden — vielleicht mit aus diesem Grunde? — streng geahndet. „Wer eine Sklavin verführte und schwängerte, unterlag mehr oder minder bedeutenden Geldstrafen, und i. J. 1452 wurde der Schuldige, wenn er in die Wohnung des Herrn der Sklavin eingedrungen war und dieselbe entführt oder verborgen hatte, mit dem Galgen bedroht und zugleich zur Zahlung von 1000 Silbergulden verurteilt, die zum Teil dem Staate zukamen. Gemäß einer Verfügung des Gesetzes hatte der Verführer die Kosten der Niederkunft zu tragen, dem Besitzer der Sklavin ein Drittel ihres Ankaufspreises oder im Falle ihres Todes den völligen Preis zu zahlen und für die Erziehung des Kindes zu sorgen, welches dem freien Stande des Vaters folgte . . . . eine Bestimmung, welche man in der Gesetzgebung anderer italienischen Kommunen vergebens sucht." Auch bot Schwangerschaft, wenn sie erst nach dem Kauf entdeckt wurde, den Grund zur Rückgabe der Sklavin und zur Rückforderung der Kaufsumme.

Manchen Sklavinnen lag eine Tätigkeit ob, die sie vor sexuellen Nachstellungen wohl etwas schützte. So wurden sie häufig in Krankenhäusern und Hospitälern zur Pflege von Kindern und Kranken gehalten. Andererseits deuten viele Gründe darauf hin, was ja auch im Wesen der Sache liegt, daß die Sklavinnen den geschlechtlichen Bedürfnissen zunächst ihrer Herren dienten. Reumont schiebt es auf die Strenge der Gesetze über die Sklavinnen, daß die freien Mägde, die famulae, den Nachstellungen mehr und mehr unterlagen. Ich möchte glauben, daß der Grund eher in der L o c k e r u n g d e r S i t t e n zu suchen war, die er in anderem Zusammenhang erwähnt — und die allenthalben ohne Unterschied eintritt, wo die Sklaverei eine dauernde Einrichtung wird. Junge Florentiner waren in allen Handelsstätten Italiens und in vielen Plätzen des Auslandes, namentlich Spaniens und der Niederlande, verbreitet. Sie pflegten dort viele Jahre lang ansässig zu bleiben und ein Hauswesen zu führen, in welchem Sklavinnen eine häufige Erscheinung waren. „Das Heiraten wurde immer seltener und man gewöhnte sich an ein freies Leben, in welchem es mit der Moral nicht allzu strenge genommen wurde. Aber auch bei den Tüchtigeren unter diesen fern von der Heimat Lebenden wurden die häuslichen Dienste meist von Unfreien geleistet. Einen tiefen Einblick in solche Verhältnisse gewähren die Briefe einer braven und verständigen florentinischen Hausfrau des 15. Jahrhunderts, der Mutter Filippo Strozzis des Ältern, des Erbauers des großen Palastes, welcher, aus Florenz verbannt, in Neapel sein Handels- und Bankhaus hatte, worin mehrere Sklavinnen dienten. Eine derselben mit Namen Marina scheint sein Vertrauen in hohem Grade besessen und das ganze Hauswesen geleitet zu haben. Die Mutter nennt sie einmal scherzhaft „Madama Marina" und bemerkt, wie sie das Haus zu des Sohnes Zufriedenheit lenkte, während sie jedoch der Besorgnis, die Sklavin könne ihn vom Heiraten abhalten, Raum leiht... Nicht selten wurde auch der Hausfriede durch die Gegenwart der Sklavinnen gestört, und legitime und illegitime Kinder wuchsen miteinander auf, wie z. B. im mediceischen Hause, wo Carlo, nachmaliger Probst von Prato, der Sohn Cosimos des Alten und einer in Venedig gekauften tscherkessischen Sklavin, mit den übrigen Kindern erzogen wurde, während von Maria, einer Tochter von Cosimos Sohne Piero und Mutter des nachmaligen Kardinals de Rossi, nicht bekannt ist, wer ihre Mutter war." [2])

Der italienische Sklavenhandel nahm erst infolge der scharfen politischen Veränderungen ein Ende, die durch die Eroberung Konstantinopels, der Krim und Griechenlands durch die Türken veranlaßt waren. Auch die Handelsstädte Kaffa und Tana am Asowschen Meere wurden 1475 von den Türken erobert. Schon 1459 klagte der Senat in Venedig über die Verminderung der Sklavinnen. Auch moralische Gesichtspunkte werden jedoch in Betracht gekommen sein. So verbot der Magistrat von Florenz 1460 den Schiffen, die den Levantehandel besorgten, unter schwerer Strafe die Einführung von Sklavinnen.

Die Zahl der Tatarinnen, die in Italien in die Sklaverei kamen, minderte sich daher. Dagegen stieg die Zahl der Sklavinnen, die man aus Serbien und Bulgarien, Griechenland und Albanien einführte. Dieser Handel hat sich bis tief in das 16. Jahrhundert hinein erhalten; dann schlief er allmählich ein. Der erste Herzog von Florenz, Alessandro, war der Sohn einer Mohrin im Hause der Medici und eines unbekannten Vaters — wie man behauptete des Lorenzo, Herzogs von Urbino.

Wie stark in derselben Zeit die Zufuhr weißer Sklavinnen zu den gelben Völkern war, läßt sich geschichtlich kaum feststellen. Da die Tataren bis weit nach Europa hinein herrschten, ist allerdings anzunehmen, daß dieser Handel mindestens denselben, wenn nicht noch größeren Umfang hatte. Immerhin läßt sich auf diesem Gebiete nicht nur von einer gelben, sondern auch von einer weißen Gefahr sprechen.

18. Geschlechtliche Anreizmittel für den Kulihandel.

Im 19. Jahrhundert ist sie in einer merkwürdigen Abart von neuem aufgetaucht. Nachdem die Sklaverei bei sämtlichen weißen Nationen abgeschafft worden war, so daß auch die Nichtchristen, mochten sie nun gelber, roter oder schwarzer Haut-

[2]) Reumont a. a. O. S. 56 f.

farbe sein, nicht mehr als Ware oder wenigstens nicht mehr als persönliches Eigentum anderer Menschen behandelt werden durften, entstand eben dadurch das Problem, wie die Lücken gefüllt werden könnten, die entstanden waren, weil man nun nicht mehr menschliche Arbeitstiere mit der Peitsche antreiben konnte. Ähnlich wie im 16. Jahrhundert der Dominikanermönch Las Casas, weil ihm die Leiden der von den Weißen rücksichtslos ausgebeuteten Indianersklaven in den spanischen Besitzungen der neuen Welt das Herz zerrissen, die Einführung von Negersklaven empfahl, so entstand nun, nachdem den Schwarzen die persönliche Freiheit gegeben war, der Kulihandel. In den ersten Jahrzehnten hat er sich in Formen bewegt, die von dem Sklavenhandel nur dem Namen nach verschieden waren. Da man die kräftigsten menschlichen Arbeitsmaschinen haben wollte, handelte es sich nur um Männer. Wir kennen Fälle, in denen man sich geschlechtlicher Mittel bediente, um die Kulis zur Auswanderung zu pressen. Um die Mitte des 9. Jahrhunderts mußten chinesische Beamten arge Strafen über solche Chinesen verhängen, die ihre Landsleute verführten oder stahlen — „namentlich über Weibspersonen, die, wie nicht selten geschieht, junge Leute in mancherlei Weise betören, berauschen und verkaufen.“[1])

*

* *

19. Schluß.

Von einer gelben Gefahr durch die Ausbreitung der Prostitution ostasiatischer Mädchen kann also zwar in gewissem, aber nur in beschränktem Sinne gesprochen werden. Versucht man einen Standpunkt einzunehmen, der nicht von Rassenvorurteilen bestimmt ist, so wird man anzuerkennen haben, daß Chinesen, Malayen und Japaner ebensosehr im Rechte sein würden, in dieser Beziehung von einer „weißen Gefahr“ zu sprechen, als es der weißen Rasse zustehen würde, die gelbe Prostitutionsgefahr zu betonen. Ohne die Ausbreitung der von den weißen Männern gewünschten Bordelle in den Hafenstädten an der japanischen und chinesischen, indischen und arabischen Küste würde der Handel auch mit gelben Mädchen dorthin höchstens einen sehr kleinen Teil des heute erreichten Umfanges angenommen haben. Von China aus ist jedenfalls das Emporwuchern der Bordelle kaum gefördert worden, während allerdings die Organisation der japanischen Auswanderung aus finanziellen und militärischen Gründen die Überschwemmung geeigneter Gebiete mit Geischas, Musmes, Prostituierten, Kuppelmüttern, Spielhöllenbesitzern und anderen Leuten zweifelhafter Art nach Kräften förderte.

---

1) Karl Friedrich Neumann: Ostasiatische Geschichte 1840—1860. Leipzig 1861, Wilhelm Engelmann, S. 367.

von ihnen Vorrechte genießen soll. Gegen diesen Grundsatz ist bislang vielfach verstoßen worden, wodurch in der Behandlung und Auffassung der wissenschaftlichen Sexual-Probleme eine gewisse Einseitigkeit verschuldet wurde. Dieses Übel, unter dem die Lehrenden wie die Lernenden zu leiden hatten, zu beseitigen, will die Sammlung sich besonders angelegen sein lassen. Ihre Herausgabe geschieht **im Auftrage der Gesellschaft für Sexualforschung.** In Übereinstimmung mit ihren Aufgaben und Zielen stellt sie sich grundsätzlich **nicht in den Dienst der Praxis, sondern der Wissenschaft.** Die Sexual**forschung** will sie pflegen und befruchten, mit keinem anderen Zwecke als dem der **Wahrheitfindung,** der unbefangenen, vorurteilslosen Herbeischaffung des **theoretischen** Rüstzeuges und der **wissenschaftlichen** Fundamente für alle praktische Sexualpolitik.

Die „Abhandlungen aus dem Gebiete der Sexualforschung" erscheinen in einzelnen Heften, deren Gesamtumfang innerhalb eines Jahrganges (Bandes) etwa 20 Druckbogen betragen wird. **Die Mitglieder der Gesellschaft für Sexualforschung, die Abonnenten der Zeitschrift für Sexualwissenschaft, sowie die Subskribenten eines Jahrgangs (April bis März)** erhalten die „Abhandlungen" zu einem um 25 % ermäßigten Vorzugspreise.

Als Heft 1 erschien kürzlich:

Wandlungen des Fortpflanzungs-Gedankens und -Willens

von

Dr. **Max Marcuse** in Berlin

Einzelpreis: M. 5.20, mit Teuerungszuschlag M. 5.70
Vorzugspreis: M. 3.90, mit Teuerungszuschlag M. 4.30

Als erste Zeitung nimmt das „Neue Wiener Journal" in einem langen Feuilleton zu der Schrift Stellung und schreibt u. a:

Man muß dem bekannten Sexualforscher Dr. Max Marcuse dankbar sein, daß er uns eine gründliche Darstellung dieser Frage gegeben hat. Die „Gesellschaft für Sexualforschung" in Berlin gibt in dem rührigen Verlag von A. Marcus & E. Weber in Bonn „Abhandlungen aus dem Gebiete der Sexualforschung" heraus. Als erstes Heft ist nun die Arbeit von Dr. Marcuse „Wandlungen des Fortpflanzungsgedankens und -Willens" erschienen. Der fleißige Forscher bietet uns eine geschlossene historische Darstellung, von der aus die „Höhenlinie der Entwicklung" des Sexualtriebes betrachtet werden kann. Von den dunklen Zeiten der Urzeit, in der der Mensch noch nicht ahnte, durch welches Wunder die Zeugung zustande kommt und sie nicht wagte, mit dem Sexualtriebe in Verbindung zu bringen, bis zu den feinsten Ausstrahlungen des Geistigen in das Körperliche reicht die Betrachtung.

FSC
www.fsc.org
MIX
Papier | Fördert gute Waldnutzung
FSC® C083411

Kolibri 360 GmbH
Ferdinand-Jühlke-Straße 7
99095 Erfurt, Deutschland
produktsicherheit@kolibri360.de